Birgit Wetzig-Zalkind

Das ist Berlin · Eine Stadt und ihre Stars

Birgit Wetzig-Zalkind

Das ist Berlin

Eine Stadt und ihre Stars

BERLINER
EDITION
IM WESTKREUZ-VERLAG

ISBN 3-929592-85-1

Herausgegeben in Zusammenarbeit mit der
Literatur-Agentur Axel Poldner Media GmbH Berlin · München

Satz: Text und Form
Einband: Nic K. Hartmann
Herstellung: Westkreuz-Druckerei Ahrens KG Berlin / Bonn

Inhaltsverzeichnis

Vorbemerkung

Berlin war schon immer eine Stadt, in der sich die Prominenz wohl fühlte. An manchen Häusern erinnert eine Gedenktafel an diese berühmten Bürger der Stadt. Es gibt sehr viele solcher Gedenktafeln in Berlin. Aber was mag sich wohl hinter diesen Eingängen und Mauern ereignet haben? Vor allem werden Wissenschaftler, Literaten und Politiker mit einer Tafel geehrt, selten ein großer Film- oder Unterhaltungsstar.

Es lebten aber gerade viele Filmstars in Berlin - Hildegard Knef, Romy Schneider, Lilian Harvey und ihr Willy Fritsch, Gustav Gründgens, Zarah Leander, die Tschechowa, Fritz Lang oder die unvergessene Marlene, die sehr häufig umzog. Diese haben spannende, tragische und amüsante Geschichten erlebt. Einige Geschichten und Anekdoten von ausgesuchten Stars während ihrer Berliner Zeit sollen hier erzählt werden. Die Zeiten vor und nach Berlin werden bewusst vernachlässigt, da nicht der detaillierte Lebensweg einer Person im Mittelpunkt steht, sondern nur deren Zeit in Berlin.

Mein Dank gilt: Thomas Hanck, der über Jahre Adressen gesammelt hat und mir seine Mammut-Datenbank zur Verfügung gestellt hat. Michaela Krause aus Meßstetten, Betreiberin der Website *www.conradveidt.de*, hat mich ganz unkompliziert unterstützt. Zunächst mit Adressen von Conrad Veidt in Berlin. Auch lieferte sie die eine oder andere Geschichte. Frau Lassen aus Rostock, die mir ihre *Filmkurier*-Sammlung überließ. Frau Meisner aus Berlin, die mir ihren *Filmführer* von 1929 schenkte, aus dem sich einige Bilder in diesem Buch wiederfinden. Frau Rammler aus Berlin stellte mir ihre Hildegard-Knef-Sammlung zur Verfügung. Fünf Jahrzehnte sammelte sie viele Zeitungsartikel über ihren Star.

Weiterhin möchte ich mich bedanken bei Monika Bartzsch vom Landesarchiv Berlin, Felix Felzmann (München), Catharina Scheer (Berlin) und meinem Mann Jeffrey S. Zalkind.

Berlin, im Februar 2005

 Berlin-Charlottenburg, Kaiserdamm 95

Hans Albers

Kaiserdamm 35 – Charlottenburg

Wer weiß heute noch, dass neben Hamburg die zweite Heimat von Hans Albers die Stadt Berlin war; 1917 kam er bereits in die Reichshauptstadt und hatte bis 1948 eine Wohnung hier.

Zu Beginn seiner Filmkarriere hatte «Hänschen», beziehungsweise «Hanne», wie ihn seine Freunde nannten, große Probleme wegen seiner strahlend hellblauen Augen, unter den großen Jupiterlampen konnten sie von der Kamera nicht richtig auf dem Filmmaterial aufgenommen und wiedergegeben werden. «Er wirkte wie ein Blinder»[1], sagten die Kameraleute damals. Nur dem findigen Kameramann Frederic Fugelsang ist es zu verdanken, dass Albers doch erfolgreich beim Film starten konnte. Fugelsang konstruierte nämlich aus der Unterwäsche seiner Frau einen speziellen Filter nur für «Hänschens» Augen. Wie reizvoll reizend! Danach war die Karriere vom «blonden Hans» nicht mehr zu stoppen. Er drehte bis an sein Lebensende gut 125 Filme.

Nach seinem erfolgreichen Sprung ins Filmgeschäft konnte es sich Hans Albers leisten, Anfang der 20er Jahre eine Wohnung am vornehmen Kaiserdamm zu mieten. Schon immer achtete er auf eine gute Adresse, wie Gustav Fröhlich zu berichten weiß: «Jahrelang wohnte er im Hotel Adlon. Auch wenn er ohne Engagement war. Dann nahm er ein billiges Zimmer im obersten Stock. Die Adresse ist wichtig, die muss prima sein, war seine Maxime.»[2]

Wenn die Damen der Gesellschaft damals in den Grunewald ritten, kamen sie auch an Hannes Wohnung am Kaiserdamm vorbei. Nicht selten legten sie einen Zwischenstopp bei ihm ein, denn sie wussten, weibliche Wesen in Reitstiefeln, Reiterhosen und mit der Reitgerte in der Hand weckten seine besondere Leidenschaft. Die Reiterinnen kamen dann nach drei bis vier Stunden nach Hause zurück und schwärmten von ihrem «Ausritt». Als der Regisseur und Drehbuchautor Geza von Cziffra, der von Albers' Leidenschaft wusste, ihn fragte, ob er sich denn auch auspeitschen lassen würde, antwortete er: «Das überlasse ich dem Jannings. Wenn mich eine der Puppen mit der Peitsche anrührt, würde ich sie windelweich schlagen.»[3]

Bettgeschichten gibt es zu Genüge von Albers, fast jeder seiner Kollegen konnte eine zum Besten geben. Gustav Fröhlich erzählte: «Albers habe, intensivst bei der Sache, aber irritiert durch unaufhörliches seliges Ohhh und Uiih und Huuuh des weiblichen Wesens, unvermittelt innegehalten und diktatorisch festgestellt: ‹Hier bumse ich. Ruhe!›»[4]

Als der Tonfilm aufkam, bekam auch Albers weiche Knie, denn viele seiner Kollegen schafften diesen Sprung nicht. Er war ungewöhnlich nervös, erinnert sich Carl Froelich, der Regisseur von *Die Nacht gehört uns* (1929), seinem und Albers' erstem Tonfilm. Bei der Premiere im Berliner «Capitol» schlug Hans dem Froelich auf die Schenkel und rief erleichtert: «Mensch! Ick bin ja der jrößte Schauspieler der Welt! Das is ja jekonnt! Du, ick kann ja wirklich was! Die Sache hat hinjehauen! Ein echter Otto-Otto!»[5] Denn für Albers war alles Otto-Otto, was super war. Kein Wunder also, dass er sich auch selbst so nannte und sich am Telefon gerne mit: «Hier ist der große Otto-Otto!» meldete.[6] Anekdoten beendete er bescheiden mit: «So wahr ich der liebe Gott bin!»[7]

Als «Lieber Gott» konnte sich Hans fast alles erlauben. 1939 drehte er *Wasser für Canitoga* in Babelsberg. Im Nachbarstudio wurde ein Revuefilm gedreht. Die Revuegirls in ihren dünnen und sparsamen Köstümchen weigerten sich, in dem ungeheizten Studio zu arbeiten. Der Aufnahmeleiter versuchte lauthals durchzusetzen, dass sich die Damen nun endlich ins Atelier bequemen mögen. Albers hörte das in seiner Garderobe. Er trat im Bademantel auf den Gang und ließ alle Türen schließen, bis auf die eine – zu besagtem Studio. Als der Star dann vor den Girls erschien, waren diese echt beeindruckt. Er kam mit seiner Standardbegrüßungsformel «Hi Boys and Butterflies» auf die weiblichen Verweigerer zu und öffnete mit weltmännischer Geste seinen Bademantel. Kreischend stürmten sie an ihm vorbei und konnten nicht schnell genug ins Studio kommen. Der «blonde Hans» war unter dem Bademantel in seinem Adamskostüm.

Hans Albers war der deutsche Superstar der 30er und 40er Jahre. Ihn zu besetzen war eine «todsichere Sache»[8], die Garantie für einen Blockbuster oder Kassenschlager, wie man damals sagte. Er war der geborene Siegertyp, als den seine Fans ihn auch immer sehen wollten. Als ewiger Sieger hatte er beim Film auch unzählige Abenteuer zu bestehen, die in der Regel von Doubles übernommen wurden. Doch Albers war eigen, ein echter Dickkopf. Seinen Regisseuren bereitete er damit häufig mächtige Kopfschmerzen, denn er bestand darauf, die gefährlichen Szenen alle immer selbst zu spielen.

Die Herzen der Berliner hatte er sich damit erobert, dass er bei einer Inszenierung in der Komischen Oper sich Abend für Abend im Frack von der Empore auf einen Kronleuchter schwang und von dort in ein Wasserbassin hechtete. Plitschnass stieg er heraus, und knapp eine Minute später stand er geschniegelt und gestriegelt wieder im Scheinwerferlicht.

Was aber zeitlebens keiner wissen durfte – der «blonde Hans» trug ein Toupet. Das hätte allerdings auch nicht zu einem Star und Siegertypen gepasst. Eines seiner Toupets ist heute im Potsdamer Filmmuseum zu bewundern. Heinz Rühmann, den Albers immer nur als den «Kollegen von der Sommerbühne» betitelte, drehte mit ihm *Bomben auf Monte Carlo* (1931). Albers musste als Kapitän von der Brücke eines Kriegsschiffes springen. Diese Szenen wurden auf dem Wannsee gedreht. Er sollte etwas länger unter Wasser bleiben, da der Regisseur über der Eintauchstelle abblenden wollte. Als Hans endlich auftauchte und fragte, ob es gut war, schrie der Regisseur durch das Megaphon: «Ausgezeichnet! Aber wir müssen den Sprung wiederholen!» Hans wollte natürlich wissen warum. Der Regisseur antwortete: «Fassen Sie sich mal auf den Kopf!»[9] Seine geheim gehaltene Kopfbedeckung hatte sich selbständig gemacht, sie schaukelte neben ihm auf den Wannseewellen.

Albers war so ungeheuer beliebt, dass es für ihn während des Dritten Reiches einen gewissen Schutz bedeutete. Er hielt mit seiner Meinung nie hinterm Berg und sagte, was er dachte. Er konnte es sich leisten, den Einladungen von Hitler, Goebbels und Göring nicht Folge zu leisten, obwohl das einer Befehlsverweigerung gleichkam. Da seine Filme auch im Ausland erfolgreich waren, verzichtete man nicht gern auf die Devisen, die Albers-Filme dort einbrachten.

Wenn ihm jemand auf die Nerven ging, legte er sich schnell mal mit ihm an. 1929 traten Fritz Kortner und Hans Albers unter der Regie von Erwin Piscator im Theater an der Königgrätzer Straße, dem heutigen Hebbel-Theater, zusammen auf. Kortner und Albers konnten sich privat überhaupt nicht riechen. Sie spielten in dem bezeichnenden Stück *Rivalen*. Zwischen Albers und Kortner gab es eine Ohrfeigen-Szene. Diese wurde genau einstudiert, aber Albers verstand es, Abend für Abend Kortner immer echter eine überzuziehen. Nach einem Besuch im Sportpalast, wo Albers sah, wie Max Schmeling effektvoll einen seiner gefürchteten Uppercuts setzte, probierte er diesen bei der nächsten Vorstellung selbst gegen Kortner aus; der flog mit Karacho in die Kulissen. Kortner brauchte eine Weile, um sich zu berappeln, und kündigte die Rolle prompt am selben Abend. Kortner nahm fortan Boxunterricht, es heißt, bei Max Schmeling persönlich. Am nächsten Tag schrieb der Kritikerpapst Alfred Kerr im *Berliner Tageblatt*: «Herr Kortner erhob sich nur mühsam von der Wand, an die ihn Herr Albers gespielt hatte.» Das wurmte Kortner nun noch mehr als die bezogene Prügel, er revanchierte sich später verbal, als er sagte: «Hans Albers hat einen Sprachschatz von zehn Worten. Zwei davon sind Otto Otto!»[10]

Hanne war über zwei Jahrzehnte hinweg einer der bestbezahlten Schauspieler Deutschlands. Allein für den Film *Große Freiheit Nr. 7* (1944) erhielt er 460.000 RM, während sich Willy Fritsch mit 450.000 RM Jahresgage «begnügen» musste.

Trotz der hohen Gagen war auch oft Ebbe in seinem Portemonnaie, denn er zockte ganz gerne und trank für ein ganzes Regiment. Er war Stammgast im Hinterzimmer des Bühnenklubs in der Joachimsthaler Straße, wo die hoch dotierten Kartenspiele stattfanden, und hat ein kleines Vermögen dort gelassen.

Hans Albers in *Große Freiheit Nr. 7*, Oktober 1943

Hans Söhnker drehte mit Albers zusammen *Große Freiheit Nr. 7*. Morgens wurden die Schauspieler für die Außenaufnahmen in Hamburg mit einem Wagen zum Drehort gebracht. Wer fehlte morgens um 7 Uhr? Natürlich – Albers. Als er schließlich nach einer halben Stunde eintraf, gerieten die beiden wegen Albers' ständiger Unpünktlichkeit aneinander, denn alle mussten auf den Star warten. Man ging sich künftig aus dem Weg. Nach den Dreharbeiten zur *Freiheit* verlor Söhnker seine Villa in Berlin-Dahlem durch einen «Bombenvolltreffer». Genauso erging es Albers mit seiner Wohnung in der Lennéstraße in Berlin, die er bereits seit Mitte der 20er Jahre bewohnte. Söhnker fasste sich ein Herz und ging auf Albers zu, als er ihn in der Studiokantine in Babelsberg traf. «Na, wir sind doch jetzt gewissermaßen Brüder im Leid!» – «Wieso Brüder im

Leid?» – «Naja, ich habe 'ne Bombe gekriegt, Sie haben 'ne Bombe gekriegt ...» Albers hob den Zeigefinger und meinte: «Nee, nee, mein Lieber, meine war 'ne Luftmine.» Eine Luftmine war etwas Besseres, ein Otto-Otto sozusagen, während Söhnker nur einen Otto abbekommen hatte.[11]

Die *Große Freiheit Nr. 7* wurde übrigens in Prag zu Ende gedreht, da die Bombardements auf Hamburg so heftig wurden, dass man dort nicht weiterfilmen konnte. Als der Film dann endlich abgedreht war, hat Goebbels ihn aus mehreren Gründen verboten. Ein deutscher Seemann trank nicht, eine deutsche Frau gab sich niemals der Prostitution hin; und das Wort «Freiheit» wurde zu dieser Zeit nicht gern von den politischen Größen des Dritten Reiches gehört. Außerdem hatte der Regisseur Käutner den Auftrag gehabt, einen Glorienfilm auf die Deutsche Marine zu drehen und die *Freiheit* entsprach dem nun wirklich nicht. Nach dem Krieg kam der Film als einer der ersten in die Kinos und wurde ein Riesenerfolg.

Albers war eine bekannte Süffelnase. Cognac-braun war seine Lieblingsfarbe. Er «vernichtete» jeden Tag mindestens eine Flasche Cognac. Als einst ein Ministerialdirigent bei Albers um 9 Uhr klingelte, fragte Hans: «Mögen sie 'nen Cognac?» Der Regierungsbeamte traute seinen Ohren nicht, aber bei Hänschen war um diese Zeit der Erste fällig. Er selbst sagte dazu nur: «Wenn ich nüchtern bin, benehme ich mich so, als ob ich besoffen wäre.»[12]

Albers' Kollege Horst Frank beschrieb, wie er von Albers zum Ritter geschlagen wurde, indem er mit ihm saufen durfte und vor allem mithielt. Frank meinte, Albers wollte herausfinden, wie viel er vertragen könne. «Nur, warum hat er das unbedingt immer morgens (vor der Arbeit) herausfinden wollen?» Wenn er an Hänschens Garderobe vorbeiging, strömte ein Hauch von Tosca an ihm vorüber, Albers' Lieblingsparfüm. «Manchmal wehten aus seiner Garderobe Gerüche wie aus einem andalusischen Puff», erinnerte sich Frank. Und dann hieß es für beide «Unterarmtraining» mit gefüllten Cognacgläsern. Er lernte von Albers, standfest zu bleiben, «standfest im doppelten Sinne. Beim Trinken wie bei der Arbeit.» Als es mit Albers zu Ende ging, lud er Frank zu sich nach Garatshausen ein, wo er sich bereits in den 30er Jahren ein zweites Heim aufgebaut hatte, um mit ihm seinen Weinkeller leer zu trinken. Hans meinte: «Bevor ich in den Himmel komme, saufen wir den Scheiß noch weg, mein Junge.»[13]

Harald Juhnke nannte ihn einen «Superschlucker. Albers stand wie eine Eiche.»[14] Wenn Juhnke das sagt, dann will das etwas heißen. Artur «Atze» Brauner meinte über Albers: «Es gibt nur einen Schauspieler, der genauso viel verträgt, und das ist Curd Jürgens.»[15]

Als die Nebel morgens in Garatshausen aufzogen, stand der «blonde Hans» auf seinem Bootssteg, im gestreiften Bademantel mit einer Seemannsmütze auf dem Kopf und einer Buddel Rum unterm Arm. Auch wenn die Ärzte ihm den Alkohol wegen seiner angegriffenen Leber strengstens verboten hatten, hielt er sich nicht daran. Aus Verboten hatte er sich noch nie etwas gemacht. Er lauschte dabei, von seiner selbst aufgenommenen Kassette, den Geräuschen des Hamburger Hafens. Er wollte wieder nach Hause auf seine alten Tage und suchte sich schon eine neue Bleibe an der Elbe, aber «Gevatter Hein» holte ihn vorher ab.

Als Albers seinen letzten Weg antrat, hätte er sich wohl in seinem Sarg umgedreht, wenn er noch mitbekommen hätte, dass er als berühmtester Sohn Hamburgs seiner Heimatstadt Anfang der 90er Jahre nicht mehr allzu viel Wert war. Hamburg, eine der reichsten Städte Deutschlands, wollte, als Hans Albers' letzte Ruhestätte auslief, seine Grabstelle einebnen lassen. Dank eines großen Albers-Fans, der für den guten Zweck extra ein Buch herausbrachte, kam genügend Geld zusammen, um die Grabstelle für die nächsten 25 Jahre zu finanzieren.

 Berlin-Grunewald, Taubertstraße 14

Lida Baarova

Taubertstraße 14 – Grunewald

Heute ist Lida Baarova nicht unbedingt wegen ihrer schauspielerischen Fähigkeiten, sondern eher wegen ihrer Liebesaffäre mit dem Reichspropagandaminister Dr. Joseph Goebbels den meisten in Erinnerung. Ihr Aufenthalt in Berlin war zwar relativ kurz – von 1934 bis 1938 –, aber dafür um so bestimmender für ihr Leben.

Hans Söhnker filmte 1934 in Prag. Nach den anstrengenden Filmarbeiten gönnte er sich mit Kollegen ein kühles Blondes auf dem Wenzelsplatz. Unter ihnen war auch die schöne Lida Baarova. In ihrer tschechischen Heimat war sie bereits ein Star. Söhnker bat seinen Manager, dafür zu sorgen, dass diese Schönheit ihren Weg nach Berlin finden sollte; dort kümmerte er sich zunächst höchst persönlich um das Wohlergehen von Lida.

Noch im gleichen Jahr wurde sie von der Ufa zu Probeaufnahmen für den Film *Barcarole* (1935) eingeladen, Söhnker hatte die Ufa ein wenig gelenkt. Sie bekam die Rolle prompt. Ihr Partner war Gustav Fröhlich, der, als er Lida das erste Mal sah, wie vom Donner von ihrer Schönheit gerührt war. Aus dem Filmliebespaar wurde in kürzester Zeit auch privat ein Paar, somit konnten die Liebesszenen in dem Streifen nicht echter ausfallen. Gustav war noch mit Gitta Alpár verheiratet, einer ungarischen Operettensängerin. Allerdings lag die Ehe bereits in den letzten Zügen, sie wurde kurz darauf geschieden.

Lida hatte einen starken tschechischen Akzent, als sie den Film *Barcarole* drehte, und sie arbeitete hart daran, ihn loszuwerden. Gustav Fröhlich, der Ufa-Star aus *Metropolis* (1927), war nur zu gerne bereit, Lida bei der Verbesserung ihrer deutschen Aussprache behilflich zu sein. Jeden Abend besuchte er sie in ihrer Pension am Kurfürstendamm und ging mit ihr die Szenen durch, die am nächsten Tag mit ihr abgedreht werden sollten. Beim ersten Besuch glaubte Gustav seinen Augen nicht – Lida hatte ein ungewöhnliches Kätzchen zum Kuscheln, einen schwarzen Leoparden.

Schon bald machte es in Babelsberg und bei den Filmverantwortlichen die Runde, dass man für die weibliche Hauptrolle, der schönsten Venezianerin, in dem Film *Barcarole* tatsächlich eine ungewöhnliche Schönheit gefunden hatte. Man war allerdings allgemein der Ansicht, das Lida nicht mit allzu viel schauspielerischem Talent gesegnet war, was aber ihr Aussehen wett machen würde.

Der Lockruf der Schönheit ließ auch die ganz hohen Herren neugierig werden. «Aufhören! Aufhören! Adolf und Jupp sind im Anmarsch!»[1], tönte es durch die Studiohalle, als Hitler und Goebbels zu Besuch auf das Babelsberger Ufa-Gelände kamen. Sie wollten den Dreharbeiten von *Barcarole* beiwohnen.

Goebbels sah dort Lida Baarova das erste Mal. Zuerst war es allerdings Hitler, der seinen Augen nicht zu trauen glaubte, als er Lida zu Gesicht bekam. Er ging wortlos weiter. Kurze Zeit später erhielt Lida Baarova vom Führer eine Einladung zum Tee. Dabei gestand ihr Hitler, dass sie ihn an seine Nichte, die Ex-Geliebte Geli Raubal, erinnere, ihr Foto stehe noch immer auf seinem Nachttisch. Lida wurde bald nicht nur zu Teestunden, sondern auch zu offiziellen Empfängen von Hitler eingeladen. Dieser Kontakt half ihr, als die Ufa Lidas Vertrag nicht verlängern wollte. Sie zögerte nicht, bei ihrem bekanntesten Fan anzurufen, der sie auch sofort wieder zum Tee einlud. Hitler soll sie in schwarzen Lackpantoffeln empfangen und ihr seine heroischen Pläne vom Großdeutschen Reich unterbreitet haben. Danach konnte sie sich ihre Rollen und Gagen aussuchen. Sicherlich war die «Fehlentscheidung» von Ufa-Produktionschef Ernst Hugo Corell, einem «so großen» Talent wie Lida den Vertrag nicht zu verlängern, ein weiterer Grund dafür, dass er bald darauf seine Koffer packen musste.

Durch den Film *Barcarole* wurde Lida über Nacht in Deutschland zum Star. Gustav Fröhlich, inzwischen ihr Lebenspartner, kaufte auf der Havel-Insel Schwanenwerder eine Villa. Dort war Lida fast täglich zu Besuch, eigentlich wohnte sie dort, obwohl sie noch eine eigene Wohnung unterhielt.

um 1937

1936 besuchte Lida die Olympischen Spiele. Als sie von einer der Veranstaltungen nach Hause kam, traf sie Goebbels vor dessen Haus, der mit zweien seiner sechs Kinder spazieren ging. Lida blieb kurz stehen, und Goebbels fragte interessiert, ob er das Haus der neuen Nachbarn einmal besichtigen dürfe. Da konnte sie schlecht Nein sagen, wenn der zweite Mann im Staate fragte. Das war die zweite Begegnung mit dem Mann, der ihr zukünftiges Schicksal bestimmen sollte. Goebbels lud bei der Besichtigung des Grundstückes Gustav und Lida zu

Schwanenwerder, Inselstraße 18, Gustav Fröhlich und sein Gärtner, 1937

einem Ausflug auf seine Yacht «Baldur» ein. Gustav war zunächst gar nicht begeistert davon, erst als er hörte, dass auch andere Kollegen «die Ehre» haben würden, war er zu überzeugen. Hier lernte Goebbels Lida Baarova etwas näher kennen, denn «Gustl», wie ihn Lida nannte, musste bald mit einem Polizeiboot an Land gebracht werden, zu einem Nachtdreh in Babelsberg. Lida blieb auf ausdrücklichen Wunsch von Goebbels, obwohl Gustl sie mitzukommen bat. Er sah sie dort nicht gerne zurückbleiben.

Eine Weile herrschte danach Funkstille zwischen Lida und Goebbels. Nach einem drehreichen Jahr erholte sich Lida auf einer Kur in Franzensbad. Dort erreichte sie ein Anruf der Ufa, sie müsse sofort zur Deutschland-Premiere des Films *Verräter* auf dem 8. Nürnberger Reichsparteitag 1936 erscheinen. Von Goebbels wurde sie zusammen mit den anderen dort erschienenen Schauspielern in sein Hotel zum Abendessen eingeladen. Danach fand ein Sektempfang bei Hitler im Hotel Kaiserhof statt. Hitler gratulierte Lida zur Heirat mit Gustav Fröhlich, woraufhin sie korrekterweise antwortete: «Aber ich habe doch gar nicht geheiratet!» Goebbels war mehr als erleichtert, als er das vernahm und ließ keine unnötige Zeit verstreichen, um mit Lida aufs heftigste zu flirten: «Dann könnten wir uns ja mal sehen. Vielleicht zum Tee? Ich habe ein Blockhaus zum 40. Geburtstag geschenkt bekommen. Es liegt bei Lanke, in Richtung Schorfheide. Ich würde es Ihnen gerne einmal zeigen. Wollen Sie mal mit hinausfahren?» Ein Sänger sang im Hintergrund «Ich bin verliebt, so verliebt» und Goebbels raunte Lida ins Ohr: «Ich auch!»[2] Als «Liduschka», wie sie nun liebevoll von ihm genannt wurde, am nächsten Tag auf ihre Kur nach Franzensbad zurückfuhr, brachte Goebbels' Adjutant Hanke einen riesigen Rosenstrauß zum bereits abfahrenden Zug mit einem Foto des Propagandaministers und dem Gruß «Auf Wiedersehen».

In Berlin verbreiteten sich die ersten Gerüchte in Windeseile. Als Lida von der Kur zurückkam, passte es gerade, dass Gustav mit Dreharbeiten beschäftigt war. Goebbels verabredete sich mit Lida, und beide machten in seinem Horch einen Ausflug zum Blockhaus am Bogensee, einem ihrer künftigen Liebesnester.

Zwischen Lida und «Herrn Müller», wie Goebbels sich bei ihr am Telefon meldete, entstand ein Tête-à-tête, von dem Gustl nichts wusste. Das Liebespaar gab sich auch die allergrößte Mühe, um es geheim zu halten.

Es kam der kalte und verschneite Winter 1936/37. Nach den Dreharbeiten zu *Patrioten* kehrte Lida nach Schwanenwerder zurück. Auf den Straßen lag hoher Schnee. Lida parkte ihr Auto auf der Auffahrt von Gustavs Villa und ging ins Haus, um der Mamsell Bescheid zu sagen, dass sie Gustav entgegen gehen wolle. Als sie von weitem Autolichter sah, winkte sie. Es war jedoch nicht Gustavs Mercedes, es war ein Horch, und der gehörte ihrem Nachbarn Goebbels. Aber was machte der hier draußen? Er wohnte doch nur im Sommer auf Schwanenwerder. Goebbels hatte seine Villa heizen lassen, um dort in Ruhe eine Rede zu schreiben. Er ließ den Wagen halten, und Lida lehnte sich zu einem Schwätzchen in den Horch. Im gleichen Moment, Lida trat gerade mit einem Fuß auf das große Trittbrett des Wagens, kam Gustav in seinem Mercedes Kompressor angerauscht. – So die Version von Lida.

Laut der Version von Gustav wollte Lida nicht mit ihm zu einer Kinopremiere am Kurfürstendamm kommen, was ihm schon spanisch genug vorkam. Als er nun nach Hause kam und Lida in der Dämmerung vor der Villa des Ministers sah, und Goebbels gerade in seinen Dienstwagen stieg, lief Gustav die Galle über.

Wie auch immer – er dachte, Lida und Goebbels hätten gerade ein Stelldichein gehabt. (Wenn nicht jetzt, so doch oft genug davor.) Gustav hielt scharf vor Goebbels' Wagen, ging wild gestikulierend auf ihn zu und sprach in etwas lauterem Tonfall: «Jetzt weiß ich endlich, woran ich bin!»[3], fuhr 50 Meter weiter zu seinem Haus. Lida lief hinterher und wollte erklären, was nicht zu erklären war.

Sie selbst stellte sich später in ihren Memoiren als missverstandenes Unschuldslamm dar, welches darunter litt, dass Gustav sie in ihrer Karriere nicht genug unterstützte und der Meinung war, sie solle doch lieber seinen Haushalt führen. Außerdem habe er ihr nicht den nötigen Schutz durch eine Heirat gegeben. Sie meinte außerdem, Gustav sei ein Irrer, verblödet durch grundlose Eifersucht, dem schon mal die Hand ausrutschte. Ganz so grundlos war aber seine Eifersucht nicht, denn Lida bekannte auch, sich in Heinz Rühmann verschossen zu haben, aber wegen des Ministers und nicht wegen Gustav hätte sie das Ganze nicht weiter verfolgt. Auch verband sie eine «enge» Freundschaft mit Lilian Harveys Lebensgefährten Paul Martin, wie Zarah Leander zu berichten wusste.

Kurze Zeit nach diesem Eklat verließ Lida Schwanenwerder und richtete in der Caspar-Theyß-Straße 20 im Grunewald für sich und Goebbels ein Liebesnest ein.

Der Minister besuchte sie dort fast jeden Abend. Und wenn er länger in seinem Büro zu tun hatte, rief er sie an und ließ den Hörer liegen – er wusste sie am anderen Ende der Leitung.

Inzwischen versuchten die Filmproduzenten geschickt ihre Projekte über Lida bei Goebbels durchzubringen. Sie wurde in ungewohnter Weise hofiert und zu unzähligen Partys eingeladen. Außerdem drehte man einen Baarova-Film nach dem anderen, was konnte einem als Produzent oder Regisseur Besseres geschehen? Einen Film mit ihr genehmigte Goebbels immer, Lida war eine sichere Bank.

Einen großen Fehler machte Lida 1937, als sie einen Vertrag von Metro-Goldwyn-Mayer ausschlug. Zwar war sie heimlich zu Probeaufnahmen nach London gereist, aber sie entschied sich, ihre bestehenden Ufa-Verpflichtungen einzuhalten. Kein Wunder, denn sie konnte zu diesem Zeitpunkt jede Rolle bei der Ufa bekommen. Warum also die Ufa gegen Hollywood eintauschen, wo selbst eine Lilian Harvey dort scheiterte? Zu jener Zeit bezog Lida eine Villa in der Taubertstraße 14, ebenfalls im Grunewald.

Sie fühlte sich immer bedeutender und machte jetzt einen ganz und gar entscheidenden Fehler. Lida drängte ihren Geliebten, sich von seiner Frau scheiden zu lassen. Die gesamte deutsche Filmwelt wusste von der Affäre des Ministers, nur Magda Goebbels nicht. Sie wusste zwar von den unzähligen Amouren ihres Gatten, nicht umsonst hieß er im Volksmund der «Bock von Babelsberg», aber über die Ernsthaftigkeit der Baarova-Affäre war sie sich bisher nicht im Klaren. Goebbels beichtete ihr alles und schrieb am 5. August 1938 in sein

Tagebuch: «Zu Hause hatte Magda eine wichtige Unterredung. Sie ist für mich von großer Bedeutung. Ich bin froh, dass es nun soweit ist.»[4] Lida behauptet in ihren Memoiren, dass Magda an diesem Tage mit ihr ein Gespräch über den Fortgang der Ehe zu dritt hatte. Der Goebbels-Biograph Ralf Georg Reuth schreibt, dass Lida eine von Goebbels ausgeklügelte Idee seiner Frau Magda näher bringen sollte. Auf jeden Fall wurde die Möglichkeit einer Menage-à-trois besprochen. Zum Schein stimmte Magda zu, ging dann aber zu Hitler und schüttete ihm ihr Herz aus. Sie beschuldigte Lida, sich in die Ehe eingeschlichen zu haben. Goebbels wurde in die Reichskanzlei zitiert, wo sich Hitler zunächst verständnisvoll zeigte. Ein Seitensprung wäre ja in Ordnung, aber sich scheiden lassen von der deutschen Vorzeigemutter, das ginge nicht! Als Goebbels weiter an Lida festhielt, tobte Hitler, dass sogar Goebbels blass wurde. Er musste seinem Führer das Ehrenwort geben, seine Geliebte nicht mehr zu treffen. Goebbels zog aus der Villa aus und wohnte fortan in seiner Dienstwohnung in der Wilhelmstraße.

Hilde Körber, Lidas Freundin und die Frau des späteren «Regisseur des Teufels» Veit Harlan, organisierte heimliche Treffen, zu denen Lida mit blonder Perücke, großem Hut und Sonnenbrille erschien. Goebbels wurde dann häufiger Gast im Haus Körber-Harlan in der Tannenbergallee. Offiziell hieß es natürlich, Goebbels sei wegen Film-Besprechungen bei Veit Harlan, der plötzlich eine riesige Karriere machte. Als Hitler von den heimlichen Treffen Wind bekam, tobte er, dass die Wände wackelten und ließ im Oktober 1938 das Ehepaar Goebbels zu sich auf den Obersalzberg kommen. Magda verlangte die Scheidung, Goebbels hielt an Lida fest, wollte abdanken und als Botschafter nach Japan gehen. Als Hitler mit seinen Wutausbrüchen nicht weiterkam, schlug er vor, die beiden sollten es noch für drei weitere Monate versuchen. Falls es nicht klappen sollte, willige er in die Scheidung ein. Lida wurde von nun an auf Schritt und Tritt von der Gestapo bewacht; die Ufa-Produzenten nahmen merklich Abstand zu ihrem Star, auch die Einladungen blieben aus. Wurde sie gewöhnlich zu drei Partys am Abend geladen, war man nun kreativ im Erfinden von Ausreden, warum diese nicht stattfanden.

Lida Baarova drehte noch ihre Filme fertig, es kamen aber keine neuen Angebote. Als sie krank wurde, ersetzte man sie kurzerhand und drehte lieber teuer mit der Neubesetzung alles nach. Sie hielt eigentlich nur aus, weil Goebbels sie gebeten hatte, die drei verordneten Monate durchzustehen – danach würde alles gut werden. Außerdem hatte ihr der Berliner Stadtkommandant Graf Helldorf mitgeteilt, dass sie Deutschland nicht verlassen dürfe. Die Presse war strikt angewiesen, nicht mehr über sie zu berichten, und öffentliche Auftritte waren ihr untersagt. Allerdings wurde sie doch zur Premiere von *Der Spieler* am 29. Oktober 1938 in den Gloria-Palast geladen. Das war allerdings ein abgekartetes Spiel. Denn am Ende des Films gab es den üblichen Applaus, Lida erschien in Abendgarderobe neben ihren anderen Kollegen, da brauste es auf einmal los: «Raus, Ministerhure! Raus!»[5] Ein Störtrupp, von Himmler engagiert, machte Stimmung gegen sie. Der Film wurde nach drei Tagen verboten, und ihr letzter deutscher Film, *Preußische Liebesgeschichte* (1938), schaffte es gar nicht erst in die Kinosäle des Dritten Reiches. Erst nach dem Krieg kamen beide Filme in die Kinos.

Hitler schrie Goebbels nun wieder an, dass man dessen Geliebte mittlerweile öffentlich «Ministerhure» nenne und nahm ihm erneut das Versprechen ab: Er dürfe Lida ein Jahr lang nicht sehen. Goebbels gehorchte. Himmler, der ihm nicht gerade freundlich gesinnt war, spionierte Goebbels nach, ob er das erneute Versprechen einhielt, denn er war auf den Posten des Propagandaministers erpicht. Auch Goebbels' Adjutant Karl Hanke war gegenüber seinem Chef nicht loyal, er pflegte eine Affäre mit Magda Goebbels, spionierte für sie und sägte fleißig am Stuhl seines Vorgesetzten. Das Ganze flog 1939 auf.

Lida begriff erst bei der Premiere von *Der Spieler*, dass sie boykottiert wurde und floh heimlich mit ihrem BMW Richtung Prag. Dort konnte sie zunächst wieder Theater spielen und filmen.

Nachdem Ernst Hugo Corell, der Produktionsleiter der Ufa, hatte gehen müssen, saß nun Alfred Greven auf dessen Stuhl. Ihn hatte man wohl nicht vollständig über die Minister-Affäre informiert, denn er holte Lida nach vier Monaten, im Mai 1939, zurück nach Babelsberg. Lida behauptete, dass er ihr eine Rolle in einem Ufa-Film angeboten hatte. Allerdings steht im Protokoll Nr. 1366 der Ufa-Vorstandssitzung vom 9. Mai 1939, dass Greven den fertigen Baarova-Film *Preußische Liebesgeschichte* aus ökonomischen Gründen aus der Schublade holen wollte, denn immerhin hatten der Film ein Vermögen gekostet und sollte nun endlich sein Geld einspielen.

Als Magda erfuhr, dass Lida wieder in Berlin aufgetaucht war, heckte sie einen bösen Plan aus. Sie schrieb an sich selbst einen anonymen Brief, unterschrieben mit «Eine Frau aus dem Volke»[6] und gab dieses «anonyme» Schreiben ihrem Geliebten Karl Hanke, Goebbels' Adjutanten, weiter. Dieser begab sich sofort nach Babelsberg, ließ einen Schwall von Vorwürfen auf Greven nieder: «Wie dumm er doch sein könne, so etwas zu veranlassen.» Es soll zum Handgemenge gekommen sein und Hanke soll Greven sogar geohrfeigt haben. Das war das Ende seiner und Lidas Ufa-Karriere. Greeven wurde fristlos entlassen.

Magda bat Hitler nochmals um die Einwilligung zur Scheidung, was er jedoch strikt ablehnte und Lida stattdessen nach Prag verbannte.

Zunächst konnte sie dort wieder filmen und Theater spielen, aber nach der Besetzung der Tschechoslowakischen Republik erhielt Lida Berufsverbot. Sie versteckte sich im Hause ihrer Eltern, das sie ihnen aus ihren Filmeinkünften bei der Ufa hatte bauen lassen.

Lida wollte unbedingt wieder spielen und ließ für diesen Wunsch nichts unversucht. Dem Staatssekretär der Protektoratsregierung Böhmen und Mähren, Karl Hermann Frank, versuchte sie eine Dreherlaubnis abzuschmeicheln, was ihr jedoch nicht gelang. Daraufhin ging sie, enttäuscht in ihrer Heimat nicht mehr filmen zu können, nach Rom. Dort drehte sie bis zur Landung der Briten 1943 einige unbedeutende Filme. Hitler ließ Rom durch die Wehrmacht besetzen und Lida wurde an die ČSR ausgeliefert, in einer Fabrik musste sie Zwangsarbeit verrichten.

Im Frühjahr 1945 flüchtete sie aus Prag zu Hans Albers nach Garatshausen am Starnberger See. Allerdings wurde sie dort wieder von amerikanischen Kontrolloffizieren verhaftet, die sie erneut nach Prag auslieferten. Das Glück schien Lida nun vollends verlassen zu haben. Wegen Kollaboration mit den Deutschen wurde sie angeklagt und musste für 18 Monate ins Gefängnis. Ihre jüngere Schwester Zorka nahm sich das Leben und ihre Mutter starb bei einem Verhör. Einige Tage vor Weihnachten 1946 wurde sie freigelassen.

Heimlich heiratete Lida am 27. Juli 1947 den Theateragenten Jan Kopecky. 1948 versuchte sie mit ihrem Mann zu fliehen, allerdings scheiterte das Vorhaben. Beide wurden nahe der österreichischen Grenze festgenommen. Aber nach wenigen Tagen kamen sie frei, und sie versuchten abermals zu flüchten. Dieses Mal kamen sie nach Österreich durch.

In den 50er Jahren drehte Lida Baarova vereinzelt in Italien und Spanien, konnte aber an frühere Erfolge nicht mehr anknüpfen.

Erst nach 22 Jahren, im Februar 1960, stand sie in Düsseldorf wieder auf einer deutschen Bühne. Ein letztes Mal filmte sie 1975 in Fassbinders *Die bitteren Tränen der Petra von Kant*. Bis zu Ihrem Tod im Jahre 2000 lebte sie vereinsamt und verarmt in Salzburg. Sie erhielt Nachrufe aus der ganzen Welt.

Berlin-Wilmersdorf, Zähringerstraße 13

Anita Berber

Zähringerstraße 13 – Wilmersdorf

Sie war eine der schillerndsten Skandalnudeln der 20er Jahre, um die sich abenteuerliche Legenden ranken – Anita Berber. Sie war die bekannteste deutsche Nackttänzerin und hatte mit zwanzig bereits den Ruf, das verruchteste Mädchen Berlins zu sein. Ihr «Leben auf der Überholspur» ließ sie keine dreißig Jahre alt werden. Mit 16 Jahren nahm sie Tanzunterricht und stand bald im Wintergarten-Varieté auf der Bühne und feierte riesige Erfolge in der Nelson Revue – einem der erfolgreichsten Revue-Theater in den 20er Jahren, in der sie übrigens als erste Frau im Smoking auftrat. Bald galt dieser Look als chic in der Berliner Damenwelt. Die Berlinerinnen kopierten sie eifrig: vom Monokel bis zum goldenen Fußkettchen. Die Berber trug Kleider mit Ausschnitten bis zum Bauchnabel, um diesen prangte ein purpurrot gemalter Mund.

Aus den Nachbarländern kam die Männerwelt extra nach Berlin angereist, nur um sie zu sehen. Es kam häufig zu Tumulten bei ihren Auftritten. Wenn sie sich auf der Bühne als Künstlerin nicht ernst genommen fühlte, unterbrach sie ihre Darbietung. Dabei landete dann die eine oder andere Champagnerflasche auf dem Kopf des entsprechenden Kulturbanausen.

Im Kino war sie der Star früher «Aufklärungsfilme»; von 1918 bis 1925 drehte sie 24 Filme, u.a. den ersten Film, der sich mit Homosexualität beschäftigte, *Anders als die Andern* (1919) neben Conrad Veidt. Dieser Film entstand in einer Reihe so genannter Aufklärungsfilme unter dem Produzenten und Regisseur Richard Oswald, der sich Tabuthemen der damaligen Gesellschaft annahm wie z.B. Abtreibung, Geschlechtskrankheiten, Homosexualität, Inzucht und Prostitution. Das löste nach dem Ersten Weltkrieg eine Diskussion um die Wiedereinführung der Filmzensur aus.

Rudolf Forster erlebte, wie die Berber zu spät im Studio erschien, «das heißt, sie wurde getragen. Die Chauffeure beim Film waren Kummer gewohnt ... Über die hohe Treppe wurde sie ins Atelier hinaufgetragen, wie ein Schwein geschultert, vollkommen bewusstlos, dürftig bekleidet, ihr Kopf baumelte hin und her.»[1] Mit Eiswürfeln in Handtüchern wurde sie zum Leben erweckt und dann gab es starken Mokka. Diese Prozedur wurde allerdings auch anderen Stars zuteil. Ein unbekannter Schauspieler sagte dazu: «Man soff und kokste die ganze Zeit beim Film!»

Wegen ihres Skandalwertes war sie ein gefragtes Modell in Modezeitschriften und Künstlerateliers. Als Otto Dix sie 1925 verewigte, benötigte sie Stunden, um sich zu schminken und eine Flasche Cognac, um sich den nötigen Halt zu geben. Der Porzellanhersteller Geheimrat Philipp Rosenthal ließ in den 20er Jahren seine Porzellanfiguren gerne nach Tanzposen berühmter Künstler formen, so konnte man neben Anna Pawlowa auch die Figur von Anita Berber kaufen.

Dreimal in ihrem kurzen Leben steuerte sie in den Hafen der Ehe, was sie aber nicht daran hinderte, ständig auf «Freierinsfüßen» unterwegs zu sein. In den Armen eines Mannes ge-

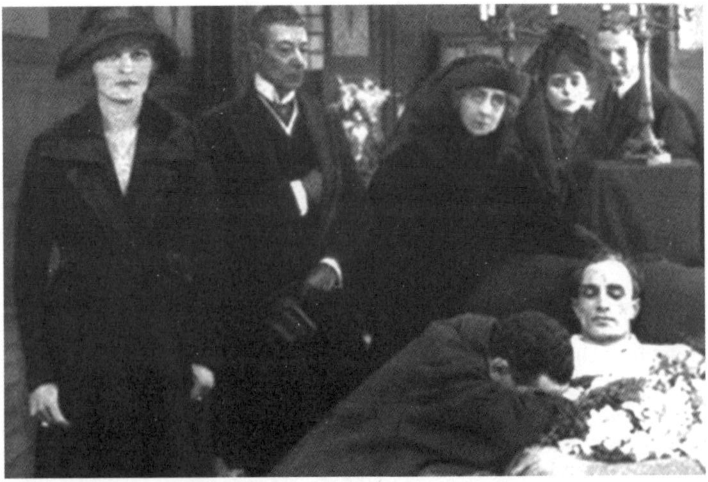

Anita Berber, Leo Connard, Clementine Plessau,
vorn: Fritz Schulz , Conrad Veidt in *Anders als die Andern* (1919)

stand sie schon mal «Nun ja, mein Gott, aber eine junge Frau wäre mir lieber!»[2] Sie fand sie u.a. in Susi Wanowsky.

Kurze Zeit war Anita mit dem Schauspieler Aribert Wäscher liiert, der von Anitas Performance im «Charlott» am Kurfürstendamm so angetan war, dass er aufsprang und «Du Topsau!» rief. Dieser Ausruf fand sofort Eingang in dem Sprachgebrauch einer gewissen Berliner Szene und wurde so bekannt, dass er noch bei den Emigranten in den USA als «Top-Pig» geläufig war.

Das Evakostüm war ihr liebstes Gewand, sie hatte schließlich einen für den damaligen Geschmack perfekten Körper. So kam sie schon mal zu ihrem Anwalt und behauptete vergessen zu haben, dass sie unter ihrem Pelzmantel nichts anhabe. Auch die Herren der Steuer empfing sie nackt in der Badewanne sitzend. Hubert «Hubsi» von Meyerinck erlebte sie im Hotel Adlon: «Die Berber rauschte also in diesen pompösen Speisesaal, wo ein illustrer Kreis dinierte, das heißt, sie rauschte eben nicht. Sie trug einen kostbaren Nerzmantel bis zum Hals geschlossen und Goldschuhe mit sehr hohen Hacken, aber keine Strümpfe, was damals ungewöhnlich war. Sie setzte sich mit ihren Begleitern an einen Tisch. Ihre Haare leuchteten in höllischem Rot über ihrem grün geschminkten Nixengesicht. ‹Oberkellner› rief sie, ‹bitte drei Flaschen Champagner Veurve Cliquot.› Und dann geschah es. Sie nestelte an ihrem Hals – und dann fiel der Pelz. Ein allgemeiner leiser Aufschrei – da saß sie und war splitterfasernackt. Die Gäste saßen wie

Rosenthal-Figur (Modell 579) von Constantin Holzer-Defanti, 1920

Anita Berber, 1920

erstarrt an ihren Tischen, nur die alte Fürstin Clothilde, eine humorvolle Frau, sagte sehr laut zu ihrem Gemahl: ‹Täusche ich mich, Eberhard, ist diese Dame nackt oder habe ich Halluzinationen?› ... Die Direktion stürzte nicht herbei, die Polizei wurde nicht geholt, es geschah gar nichts Besonderes. Es kam nur der Oberkellner: Ganz zart legte er der nackten Dame den Pelz um, und ebenso behutsam rückte er ihren Sessel zurück, damit sie aufstehen konnte ...»[3]

Kein Wunder also, dass für sie in der *BZ am Mittag* sogar eine Klatschspalte eingerichtet wurde.

Als ihr Stern in Berlin zu sinken begann, ging sie auf Tournee in den Orient, dort brach sie zusammen. Ihre Heimreise dauerte über vier Monate, da sie zu schwach zum Reisen war. Ärzte und Reisekosten fraßen die letzten finanziellen Mittel auf. In den Berliner Künstlergarderoben stellte man Sammelbüchsen auf, um die an TBC erkrankte Berber nach Berlin zurückzuholen. Im Bethanien-Krankenhaus in Kreuzberg starb sie umgeben von den übrig gebliebenen Freunden, unter denen auch Otto Dix war.

Bei ihrer Beerdigung standen Filmgrößen neben Huren, Transvestiten und Stricher neben Herren im Tuch – ihr letzter großer Auftritt.

34 Berlin-Schöneberg, Bundesallee 54

Marlene Dietrich

Bundesallee 54 – Schöneberg

Maria Magdalena Dietrich blinzelte das erste Mal die Berliner Sonne in der heutigen Leberstraße an. Die Eltern waren gut situiert und der Herr Papa musste zur Arbeit nur die Treppe hinunter – ins Polizeirevier im Parterre des Hauses.

In der Leberstraße und den Nachbarstraßen spielte sie mit Murmeln und lief Rollschuh, immer adrett gekleidet und unter den Augen der Gouvernante. Marlene erhielt eine traditionelle preußische Erziehung mit Augenmerk auf Disziplin und Ausdauer, wofür man sie später in Hollywood immer wieder bewunderte. Schon früh erhielt sie Klavier- und Geigenunterricht, und die Eltern legten Wert auf Sprachen wie Englisch und Französisch.

Putzen, Kochen und Nähen standen ebenfalls auf dem Tagesplan, denn wer eines Tages Dienstboten beaufsichtigen will, so die Mutter, muss es auch selbst alles beherrschen. Sie wurde eine so exzellente Köchin, dass sie noch als Star für ihre Liebhaber und die Filmcrews kochen sollte.

Marlene verfiel, wie hunderttausend Backfische mit ihr, dem deutschen Stummfilmstar Henny Porten. Sie hatte ihr Bild auf dem Nachttisch stehen. Für Henny tat sie einfach alles. Sie bastelte und schickte Geschenke zu ihr nach Hause, kaufte sich sofort jede Star-Postkarte und verpasste keinen Film. Manche sah sie bis zu sechs Mal.

Wieder einmal hatte Marlene etwas gebastelt und wartete nun hinter einer Litfaßsäule im Tiergartenviertel in der Hoffnung, dass der geliebte Star ihre Villa verlassen würde. Als Henny endlich herauskam, lief Marlene auf sie zu und stotterte «Guten Tag! Da, bitte!», gab Henny eine aufwändig ausgemalte Postkarte und verschwand. Henny konnte sich nicht einmal bedanken.

Henny Porten hatte am 7. Januar Geburtstag, da ließ sich Marlene etwas ganz besonderes einfallen, sie stellte sich unter den Balkon der Villa ihres Stars und spielte für Henny deren Lieblingslied auf ihrer Geige – das *Engelslied* von Braga. Henny, ganz gerührt, lud Marlene, die bereits nasse Füße hatte, ins Haus zu einer Tasse Kakao und einem Stück Geburtstagskuchen. Marlene war so aufgeregt, bei ihrer geliebten Henny zu sitzen, dass sie kaum ein Wort heraus bekam. Doch gestand sie Henny, dass sie es war, die Cremeschnittchen und ein selbst gearbeitetes Gobelinkissen abgegeben hatte und dass auch die Blumen im Theater von ihr stammten. Henny liebte Nelken, und Marlene bezahlte damals 75 Pfennige pro Stück, kein Wunder also, dass für Blumen und Geschenke schon mal das gesamte Taschengeld drauf ging.

Ein Jahr später weilte Henny zu ihrem Geburtstag in Garmisch. Als sie morgens ans Fenster trat und schaute, wer ihr denn dieses Mal ein Ständchen brachte, stand Marlene auf einer Leiter. Sie war gerade in Pension in Mittenwald und hatte Hennys Namen auf der Kurliste vom benachbarten Garmisch entdeckt. Der Star war sehr gerührt. «Und da war sie nun also wieder, und ich wusste vor Freude und Rührung gar nicht, was ich dazu sagen sollte», schrieb Henny.[1]

Die weltberühmten Beine hat Marlene ihrer Mutter zu verdanken. Jeden Tag schnürte ihre Mutter die Beine ihrer Tochter, damit sie schlanke Fesseln bekam. Sie quetschte sich in die Lederstiefel, die dann so eng wie möglich geschnürt wurden – eine Tortur, aber Marlenes Beine wurden weltberühmt. Die Paramount hat sie später für eine Million Dollar versichern lassen.

Auch die Haarwäsche ging nicht so hoppla hopp von der Hand. Ihre Mutter kümmerte sich höchstpersönlich darum und spülte Marlenes Haarpracht in speziell zusammengesetzten Spülungen, und zum Schluss gab sie einen Schuss Obstessig hinzu für einen seidigen Glanz. Als Marlene später in Weimar an der Musikschule studierte, kam Muttern extra alle drei Wochen angereist, um diese Prozedur vorzunehmen – natürlich wollte sie auch bei ihrer Jüngsten sein.

Das Musikstudium in Weimar konnte Marlene nicht beenden. Daran ist wohl das kleine Verhältnis zu Herrn Prof. Reitz schuld, der sie ihrer Jungfräulichkeit beraubt hat. In Berlin zurück nahm sie Privatstunden. Eine Sehnenscheidenentzündung im Handgelenk machte die Pläne von Marlene, eines Tages Konzertgeigerin zu werden, zunichte. Auf der Suche nach neuen Erwerbsmöglichkeiten versuchte es Marlene auch in der Werbung, sie wurde Modell für Mode, Schmuck und Schallplatten.

Außerdem bewarb sie sich am Reinhardt-Seminar, hier benutzte sie erstmalig ihren Künstlernamen Marlene Dietrich, fiel aber durch die so genannte «Folter», das Vorsprechen, durch. Aber Marlene schreckte das nicht im Geringsten. Wenn sie nicht beim großen Zauberer des Theaters, Max Reinhardt, unterkam, dann eben bei Berthold Held, dem Leiter der Reinhardtschen Schauspielschule. Sie nahm Privatunterricht bei ihm. Später in Amerika nahm sie daraus das Recht, sich als Reinhardt-Schülerin zu bezeichnen – und das sogar in Anwesenheit von Reinhardt selbst, der zwanzig Minuten gebraucht haben soll, seine verdrehten Augen wieder zu richten. Aber er widersprach nicht, denn nun war sie der Star in Hollywood, und seine Kunst war dort nicht gefragt.

Für ein Taschengeld spielte Marlene Anfang der 20er Jahre in dem bekanntesten Stummfilm-Begleitorchester, dem von Guiseppe Becce; allerdings verlangte sie, bei Henny Porten-Filmen immer in der ersten Reihe sitzen zu dürfen – beim Spielen wollte sie ihren Star sehen. Wenn es auch nicht mehr zur Konzertgeigerin reichte, so konnte sie wenigstens umsonst Filme schauen, am liebsten eben die von ihrer angebeteten Henny Porten. Leider währte diese angenehme Nebenbeschäftigung nur vier Wochen, dann musste Becce sich von ihr trennen. Sie hatte nicht etwa schlecht gespielt oder sich gar vom Film ablenken lassen, nein, die Herren Kollegen ließen sich ablenken – von Marlenes Beinen – und kamen deshalb immer wieder aus dem Takt.

Onkel Willi und ihre Tante Jolly Felsing führten Unter den Linden ein Juweliergeschäft und duften sich seit Kaisers Zeiten Hoflieferanten nennen. Beide unterstützen Marlene in ihren Bestrebungen zum Film zu gehen. Tantchen lieh ihr schon mal einen teuren Zobel und kostbaren Schmuck, und Onkel Willi kannte ein paar Leute vom Film und vermittelte erste Kontakte. Marlene konnte 1922 ihre erste Rolle als Dienstmädchen in *So sind die Männer* spielen. In den nächsten acht Jahren machte Marlene alles querbeet durch, was einer jungen unbekannten Schauspielerin möglich war; in 17 Stummfilmen und 26 Bühnenproduktionen, in Komödien, Kabarett, Musicals und Revuen, leider meistens nur in Statisten- oder Nebenrollen besetzt.

Von ihrer Freundin Grete Mosheim erfuhr Marlene 1922, dass der bekannte Filmproduzent Joe May Statisten für den Film *Die Tragödie der Liebe* suchte. Es wurde u.a. eine Halbweltdame gesucht, und Marlene schmiss sich «in ein tief ausgeschnittenes, gewagtes Kleid, das die wohlproportionierten Reize ihres Körpers unterstrich, zog lange, grasgrüne Handschuhe über und stieg in hochhackige Schuhe».[2] Mit Grete reihte sie sich in die lange Schlange von Bewerbern ein. Für die Besetzung der kleineren Rollen und Statisten war Rudolf Sieber verantwortlich, so auch diesmal. Marlene bekam die Rolle und Rudolf Sieber dazu, sie heirateten am 17. Mai 1923, im Jahr darauf wurde Marlenes einzige Tochter Maria geboren.

1926 war Marlene in der Eric Charell-Revue *Von Mund zu Mund* neben Curt Bois, Wilhelm Bendow und dem Star Berliner Bühnen, Claire Waldoff, zu sehen. Als Clairchen Waldoff Marlene sah, rutschte ihr heraus: «Wie scheen det Kind is! Die Beene!»[3] Claire erklärte sich prompt dazu bereit, dem Kind mit de scheene Beene Gesangsunterricht und noch mehr zu geben. Claire war klein und nicht gerade als schön zu bezeichnen, sie war eine Institution der Berliner Kabarettbühnen und neben Richard Tauber, Fritzi Massary und Otto Reutter der meistgekaufte Plattenstar der damaligen Zeit. Sie konnte es sich leisten, einen privaten Salon zu führen – ein Treffpunkt für ihre vielen lesbischen Freundinnen. Auch Marlene war dort öfter zu Besuch. Claire wurde ihr eine wichtige Lehrerin. Von ihr lernte sie, dass auf der Bühne oder vor der Kamera weniger mehr ist. Marlene beherzigte es und entwickelte dies zu ihrem unterkühlten Stil. Die beiden verstanden sich auch sonst recht gut – so gut, dass Clairchen sie in die lesbische Liebe eingeführt haben soll, klatscht man in Berlin.

Ob es nun stimmte oder nicht, in Hollywood auf einer Party von Billy Wilder spielte Marlene mit diesen Gerüchten: «Sie erzählte Affäre auf Affäre, alle hörten mit offenen Mund zu. ‹Habe ich Ihnen meine Geschichte mit Claire Waldoff erzählt, eine lesbische Liebe?› Marlene wartete auf die Reaktion und setzte dann noch einen drauf, indem sie enttäuscht sagte: ‹Langweile ich Sie?› Wie aus einem Mund riefen alle: ‹Nein!›»[4] Ob Marlene diese Geschichte aus reinem Spaß am Erzählen zum Besten gab, weiß man nicht.

«Paul», der kleine Junge, in den sich Marlene manchmal als Kind für ihre Mutter verwandelt hatte, erstand für Claire wieder auf. Im Anzug erschien Marlene in Schwulen-Bars wie dem Eldorado und gewann in dieser Szene neue Freunde, die ihr u.a. dann bei der Kostümauswahl für den *Blauen Engel* (1930) behilflich waren. Von den Tunten erhielt sie unschlagbare Tipps. Einige Ideen nahm sie dann auch mit in die USA – das androgyne Herren-Outfit in ihrem ersten Hollywood-Film *Marokko* (1930) und auch das Monokel hatte sie Anita Berber abgeschaut. Aber Babelsberg war weit, und wer kannte in Hollywood schon Anita Berber.

In Wien drehte sie 1927 den Film *Café Electric* und stand neben Willi Forst vor der Kamera. Willi war nicht nur ihr Filmpartner, sondern wurde auch ihr Geliebter. Der Regisseur Gustav Ucicky erinnerte sich, dass die Liebesszenen bestens klappten, da musste keine Szene doppelt gedreht werden. Zurück in Berlin, besuchten sie zusammen die Homosexuellen-Bars, in denen auch Willi kein Unbekannter war. Willi öffnete dank seiner vielfältigen Beziehungen viele Türen für Marlene. Die beiden blieben lange befreundet.

Danach stand Marlene in der Marcellus-Schiffer-Revue *Es liegt in der Luft*, die in der Komödie am Kurfürstendamm 1928 lief, neben einem weiteren Berliner Kabarett-Star auf der Bühne, Margo Lion. Zusammen zelebrierten sie den sehr zweideutigen Song *Wenn die beste Freundin*. Beide wurden stürmisch gefeiert und umjubelt; der Veilchenstrauß, den beide am Kleid befestigt hatten, tat ein Übriges. Mit ihm bekundeten sie, dass es sich um ein lesbisches Lied handelte, was fast einem Outing gleich kam. Zum ersten Mal hatte Marlene nun echte Fans, und man nahm sie endlich auf den Berliner Bühnen ernst. Es war ihr erster richtiger Erfolg. Der Song wurde auch ihre erste Aufnahme für eine Schallplatte.

Auf Willi Forst folgten andere. Der Musiker Peter Kreuder behauptet in seinen Memoiren einer davon gewesen zu sein, auch der Filmproduzent und Regisseur Otto Preminger soll eine engere Beziehung zu Marlene gepflegt haben. Da Marlene verheiratet war, war es gar nicht so einfach, sich irgendwo ungestört zu treffen und ein Schäferstündchen abzuhalten. Klassisch, ins Hotel, wollte Marlene nicht gehen, aber wohin dann? Als Marlene einmal diesen Kummer Willi Forst beichtete, zeigte er Verständnis für die Nöte der Turteltauben und soll ihnen seine Wohnung und sein Bett, am heutigen Brixplatz, zur Verfügung gestellt haben.

1929 stand sie neben Hans Albers und Rosa Valetti in der Revue *Die zwei Krawatten* im Berliner Theater auf der Bühne. Von nun an gibt es zahlreiche Geschichten, wer wie Marlene endgültig entdeckt haben will, ob Emil Jannings, der sie eigentlich nicht leiden konnte, Louis Adlon oder Ruth Landshoff, ein Enfant terrible dieser Zeit oder noch andere. Auf jeden Fall schaute sich der Regisseur vom *Blauen Engel*, Josef von Sternberg, von Freunden einfach Joe genannt, einen Schauspielerkatalog an und stolperte dabei erstmals über Marlene. Als er seinen Assistenten nach ihr fragte, antwortete dieser lapidar: «Der Popo ist nicht schlecht, aber brauchen wir nicht auch ein Gesicht?»[5] Marlene wurde zunächst vergessen.

Joe war noch immer auf der Suche nach dem Lola-Gesicht. Nachdem er bereits viele Abende hintereinander die Theater von Reinhardt besuchte, ging er am 5. September 1929 in die Premiere von *Die zwei Krawatten*. Das Stück interessierte ihn, weil darin seine bereits engagierten Schauspieler Hans Albers und Rosa Valetti zu sehen waren. Und da war sie, stand auf der Bühne – seine Lola! «Ich hatte niemals eine so schöne Frau getroffen, die so vollständig unterschätzt und unterbewertet wurde.»[6] Joe war von Marlene so überzeugt, dass er sie gegen den Willen der Ufa-Chefs, der gesamten Crew, einschließlich Emil Jannings und Marlene selbst(!), durchsetzte. Kein Wunder also, dass Joe an einem nervösem Magen litt.

LIEBHABERINNEN, NAIVE

Photo: Gudenberg

MARLENE DIETRICH

Berlin-Wilmersdorf, Kaiserallee 54

TEL.: H 1 PFALZBURG 2142

M 798

237

Marlene Dietrich
in «Filmführer. Der Wegweiser für den Filmproduzenten», 1929

Marlenes Bekannte Ruth Landshoff war mit Joe schon länger befreundet, wusste von dessen Magenbeschwerden, und dass die Kost der Ufa-Kantine da nicht gerade sehr förderlich war. Ruth wollte ihm helfen und hatte eine Idee: Sie wusste, dass Marlene jeden Tag ihr Essen in einer Thermosflasche mitbrachte, denn sie kochte täglich für ihre Tochter und sich. Na, und was gut für ein Kind ist, kann für den nervösen Magen eines Mannes nicht schlecht sein. So bat Ruth Marlene, doch für ihren Regisseur etwas mitzukochen. Es bedurfte einiger Überredungskunst von Ruth, denn wo sollten sie essen? In der Garderobe sei es viel zu eng, meinte Marlene. Außerdem würde es bestimmt Getratsche geben. Nach langem Hin und Her ließ Marlene sich breitschlagen. Nun ging Ruth zu Joe, der zwar zunächst auch ablehnte, sich aber dachte, es könne ja nicht schaden. Und siehe da, Marlene kochte so gut, dass Joe seine Bauchschmerzen bald vergessen hatte. Er kam weiterhin in Marlenes Garderobe zum Essen. Plötzlich wurde Marlene am Set besser ausgeleuchtet, erhielt ihre Regie-Anweisungen in ihrer Garderobe, wurde nach ihren Wünschen gefragt, und man war sogar an ihrer Meinung interessiert.

Das passte Emil Jannings, dem Star des Filmes, nun gar nicht. Er war ohnehin nicht gut auf Marlene zu sprechen, und nun erhielt er vor allen Leuten Anweisungen, vom Regisseur und diesem Nichts an Schauspielerin, diese Dietrich, erhielt keine mehr! Man muss wissen, dass ein regelrechter Strom an Prominenz nach Babelsberg eingesetzt hatte, um den großen amerikanischen Regisseur arbeiten zu sehen – und die kleine Dietrich scheitern. So kamen u.a. Regiekollege Fritz Lang und seine Frau Thea von Harbou, der Theaterpapst Max Reinhardt und Heinrich Mann, der die Vorlage mit seinem Roman *Professor Unrat* geliefert hatte.

Die Bevorzugung Marlenes konnte Jannings sich nicht bieten lassen, er stellte sich Joe eines Tages in die Quere: «Mit wem isst du zu Mittag?» – «Das weiß ich noch nicht. Voraussichtlich esse ich allein.» – «Was wirst du essen?» – «Das weiß ich nicht. Ich habe doch gerade erst gefrühstückt.» Jannings etwas erregter: «Du weißt genau, was du essen wirst. Die Dietrich ist doch extra wieder für dich in aller Herrgottsfrühe aufgestanden, um für dich zu kochen. Du isst lieber mit dieser Frau, als mit mir!» Joe meinte dann beruhigend: «Du weißt doch, es gibt einen gewissen Unterschied zwischen Mann und Frau.» Daraufhin spielte Jannings die Diva, schrie, er würde die Rolle hinschmeißen und das Studio nie mehr betreten. Er riss den Bart ab, an dem die Visagistin zwei Stunden gearbeitet hatten. Joe bekniete ihn, seinen Film nicht im Stich zu lassen. Daraufhin schrie Jannings: «Du willst doch mit der Dietrich essen!», schmiss sich auf den Boden, wälzte sich, heulte, griff sich ans Herz und röchelte: «Mein Herz!» Der kleine von Sternberg kniete nieder, half dem Hünen Jannings wieder auf die Beine und küsste ihm auf den Mund. Danach brachte er ihn in seine Garderobe. Dort bat Jannings um Entschuldigung und drehte natürlich weiter.[7]

Als Marlene Dietrich den *Blauen Engel* drehte, lebte sie in der Kaiserallee, der heutigen Bundesallee, zusammen mit ihrem Gatten Rudolf Sieber und Töchterchen Marie im obersten Stockwerk. Joe besuchte Marlene häufig in ihrer Wohnung und war überrascht, wie luxuriös sie ausgestattet war. Marlenes Mutter hatte die Wohnung für ihre Tochter gefunden und angemietet, als ihre Tochter schwanger war. Sie steuerte Mobiliar und Geld zur Miete bei.

Die Premiere von *Der blaue Engel* rückte näher. Am Tag der Voraufführung, am 31. März 1930, saßen ein paar Leute verstreut im Gloria-Palast, Emil Jannings und seine Frau Gussy Holl, die Drehbuchautoren Karl Vollmöller und Carl Zuckmayer, Friedrich Hollaender, der Marlene die Musik auf den Leib geschrieben hatte, der Ufa-Produzent Erich Pommer und Erika Mann, sie wollte sich ansehen, was aus dem Werk ihres Onkels geworden ist. Marlene, die zu Hause ihre Sachen für die Abreise nach Hollywood am nächsten Tag packte, vermisste man erst am Filmende. Sternberg war bereits im Februar abgereist. Als der Film zu Ende war und die Lichter wieder angingen, war die Begeisterung so groß, dass fast alle Streitigkeiten und Kräche vergessen waren.

Bei der Voraufführung merkten alle, dass Sternberg nach jedem Song von Marlene fünfzehn Sekunden Schwarzfilm hatte einkleben lassen, damit das Publikum Zeit zum Applaudieren hatte. Dadurch wurde die Aufmerksamkeit aller noch mehr auf Marlene gerichtet. Das konnte Jannings nur schwer zulassen, und er attackierte noch Peter Kreuder, den Arrangeur des Filmes, den Schwarzfilm herauszuschneiden. Als Kreuder sich weigerte, Sternberg zu hintergehen, soll Jannings ihm eine Ohrfeige verpasst haben.

Am nächsten Tag bei der Uraufführung musste der Film wiederholt nach den Songs von Marlene unterbrochen werden, der eingeklebte Schwarzfilm reichte nicht aus, so begeistert war das Publikum. Nach der Filmpremiere riefen die Zuschauer nicht Jannings oder Dietrich sondern ausschließlich «Marlene! Marlene!». Es war ihr Abend! Sie musste sich allerdings beeilen, damit sie ihren Zug um 23 Uhr vom Lehrter Bahnhof nach Bremerhaven nicht verpasste, wo die «Bremen» nach New York ablegte, von dort ging es weiter nach Hollywood. Sternberg hatte seine Entdeckung gleich mitgenommen, er machte einen Weltstar aus ihr.

Marlene kam Mitte Dezember 1930 zum letzten Mal für längere Zeit nach Berlin zurück und wurde erstenmalig als Star in ihrer Heimat gefeiert. Sie war der gefeierte Gast auf Premieren, Partys sowie in der Jockey- und der Edenbar.

Bei diesem Besuch nahm sie Ihre Hits aus *Der blaue Engel* für die Plattenfirma Electrola auf und auch ein paar neue Songs, wie z.B. *Peter*. Sie machte eine Shoppingtour durch Berlins

Nobelgeschäfte und gab bei diesem Aufenthalt 12.518 RM für Kleider, Schuhe und Pelze aus – wie ihr Mann penibel im Haushaltsbuch notierte.

Im April 1931 verließ Marlene Deutschland mit ihrer Tochter Maria, für die kleine Tochter ein Abschied für immer. 1932 gab sie Berlin endgültig als Wohnsitz auf.

Das nächste Mal kam sie in amerikanischer Uniform im September 1945 nach Berlin, um ihrer Mutter ein letztes Mal zu begegnen. Josephine Losch verstarb im November 1945.

Marlene stand «schlank, schwarz und still» im Regen, als ihre Mutter auf dem Friedhof in Friedenau zur letzten Ruhe gebettet wurde, erinnerte sich Hubert von Meyerinck.

Jedes Filmmuseum der Welt besitzt heute eine Kopie des Films *Der blaue Engel.*

46 Berlin-Grunewald, Griegstraße 27, 1935

Willy Fritsch

Griegstraße 27 – Grunewald

Der Vater Lothar Fritsch kam bereits 1910 nach Berlin, nachdem seine Firma Fritsch & Brattig bankrott gegangen war. Der Rest der Familie kam zwei Jahre später aus Kattowitz nach. In der Windscheidstraße in Charlottenburg richtete sich die Familie Fritsch ein neues Heim ein. Bei Siemens hatte der Vater Anstellung als Betriebsleiter gefunden. Natürlich war es für ihn klar, dass der Sohnemann in die Fußstapfen des Papas treten würde und bei Siemens als Mechaniker ausgebildet wurde. Willy allerdings, der immer zu einem Schabernack aufgelegt war, schmiss seine Lehre und nahm Schauspielunterricht. Sein Vater nahm es mit Humor und war nicht allzu unglücklich darüber. Den Unterricht finanzierte Willy sich als Botenjunge und Hilfsschreiber beim Berliner Landgericht II. Willy war eine blendende Erscheinung und gute Beziehungen verhalfen ihm, als Komparse im Großen Schauspielhaus Bühnenluft schnuppern zu können. Ab und an ergatterte er kleinere Rollen an dem von allen Schauspielern verehrten Deutschen Theater. Mutter Fritsch war ganz stolz auf ihren Sohn und hörte mit Begeisterung Willy die Rollen ab.

Willy bekam einen Anfängervertrag als jugendlicher Liebhaber mit 65 Mark Monatsgage. Das Geld langte natürlich hinten und vorne nicht, also versuchte er es beim Film. Lil Dagover erlebte Willys erste Probeaufnahmen mit: «Eines Tages wurden bei der Ufa Probeaufnahmen von mehreren Schauspielern gemacht, die sich um die Rolle eines Blinden bewarben. ... Der Ufa-Regisseur Benjamin Christensen war mit den Bewerbern nicht zufrieden. Einem bemühte er sich zu erklären, warum er für die Rolle nicht in Frage käme: Er habe sich vor der Kamera wie ein Blinde-Kuh-Spieler bewegt. Diese Begründung schien den jungen Schauspieler so sehr zu amüsieren, dass er in ein schallendes Lachen ausbrach. Je mehr er lachte, desto interessierter blickte Christensen ihn an. Dann sprang der Regisseur fasziniert auf und rief: ‹Lachen Sie weiter, Mann!› Er gab dem Kameramann ein Zeichen, die Probeaufnahmen fortzusetzen. Sie fielen überwältigend aus. Der Schauspieler mit dem unwiderstehlichen Lachen wurde engagiert. Es war Willy Fritsch.»[1] Das Drehbuch wurde daraufhin für ihn umgeschrieben, denn ursprünglich sollte er als Blinder am Filmende nach einer OP wieder sehen können, seine Frau war aus Angst geflohen, dass er sie nicht mehr lieben könne, da sie vielleicht seinen optischen Erwartungen nicht entsprechen würde. Willy Fritsch als Blinder wäre natürlich unglaubwürdig, deswegen schrieb man das Drehbuch komplett um. Aus einer Tragödie wurde eine Komödie – nun wurde Willy Fritsch zu Beginn des Filmes operiert und hatte Grund zu seinem strahlenden Lachen. Im Film machte er sich auf die Jagd nach seiner Frau, die ihn zuvor aus besagtem Grund verlassen hatte. Zum Schluss findet Willy natürlich Lil Dagover und es gibt ein Happy End.

Seine Frau, die Unbekannte (1923) wurde ein riesiger Erfolg, Willy eroberte die Frauenherzen im Sturm und war der aufgehende Star am Stummfilmhimmel. Der *Film-Kurier* vom 14. Oktober 1923 schrieb: «Ein großes Licht ist er ja nicht, aber er macht sich ganz nett, wenn er lacht und seine schönen Zähne zeigt.»

Die «Trüffelnase» der Ufa, der Produzent Erich Pommer, sah diesen unkomplizierten, erfrischend jungen Mann und bestellte ihn zu sich. Pommer schaute sich seinen künftigen Star genauer an und fragte: «Na, Ihr Anzug ...?» Darauf Willy ganz stolz: «Ja, ich habe drei Anzüge, und einen Smoking besitze ich auch!» Pommer schmunzelnd: «Was Sie nicht sagen! Und einen Frack?» Willy frank und frei: «Einen Frack habe ich nicht. Aber einen Onkel, der hat einen Frack.» Nun konnte sich Pommer kaum noch halten: «Einen Onkel haben Sie auch!» Pommer verkniff sich sein Lachen und schickte ihn zu Knitze, dem elegantesten Herrenschneider Berlins, und ließ ihn Frack, Smoking und sechs Anzüge schneidern. Dazu kamen Hüte, Krawatten, Handschuhe und Hemden. Willy, dem das Ganze spanisch vorkam, denn womit sollte er das bezahlen?, schaute den großen

Willy Fritsch, 1933

Ufa-Mann fragend an, und dieser sagte ganz lässig: «Geht auf Geschäftskosten.»[2] Pommer kaufte ihn ohne mit der Wimper zu zucken aus seinem bestehenden Vertrag am Bremer Theater heraus und machte ihn zum hoch bezahlten Ufa-Star. Seine Spekulation ging auf – in wenigen Jahren stand Willys Bild auf jedem Teenager-Nachttisch.

Willy verdiente bei der Ufa ordentlich, aber noch nicht genug, um sich ein Auto leisten zu können. Er sah ein gebrauchtes Traumgefährt und zahlte 1500 RM an, ohne sich recht Gedanken zu machen, woher er die restlichen 2000 RM nehmen sollte. Aber er war erstmal glücklich über sein neues Auto und dachte nicht weiter nach. Als die nächste Rate fällig wurde und sein Portemonnaie Flaute anzeigte, wurde ihm doch mulmig zumute. Zum Glück gab es «Papa» Joe May, einen der erfolgreichsten Regisseure und Produzenten der 20er Jahre, der ihn ins Herz geschlossen hatte und der ihn dreimal täglich fragte: «Bist du auch glücklich, mein Junge?» – «Jawohl, Herr May, ich bin glücklich», antwortete Willy zwar, aber er sah gar nicht so aus. Das entging einem so erfahrenen Mann wie Joe May natürlich nicht, nicht umsonst war er der Meister des Ufa-Detektivfilms. Er hatte schnell herausgefunden, wo Willys Schuh drückte. «Warum hast du das nicht gleich gesagt?»[3], fragte er Willy vorwurfsvoll und gab ihm die 2000 RM. Am nächsten Tag schenkte er ihm auch noch einen Pelzmantel. Hauptsache, Willy war glücklich.

Nach und nach spielte Willy Fritsch neben allen großen Diven der 20er Jahre, u.a. mit Henny Porten, Lil Dagover und Ossi Oswalda. Willy war ein Star, aber erst zusammen mit Lilian Harvey wurden beide zu den Superstars des deutschen Films. Erstmals standen sie gemeinsam 1926 in *Die keusche Susanne* vor der Kamera. Als sich die beiden das erste Mal im Studio begegneten, war Lilian von seinem Charme und seinem blendenden Aussehen wie benebelt. Das entging Pommer natürlich nicht, der Willy für diesen Film an den Produzenten Eichberg ausgeliehen hatte. Wie spritzig Fritsch auf einmal spielte; und Lilian schwebte förmlich durch die Studios. Selbst die Filmkritiker merkten den Unterschied und hielten diese Begegnung für schicksalhaft. Das Paar konnte zukünftig unzählige Schlagzeilen über sich in der Presse lesen, ob wahr oder unwahr.

Das Publikum verliebte sich in das Filmpaar, und jeder der Harvey-Fritsch-Filme wurde ein Kassenmagnet. Kein Wunder also, dass Pommer die Drehbücher den beiden auf den Leib schneidern ließ.

Mitten in die Dreharbeiten von *Melodie des Herzens* (1929), man drehte in Budapest, platzte ein Telegramm der Ufa. Der Film solle nicht mehr als Stummfilm sondern mit Ton gedreht werden. Alle schauten sich entsetzt an. Wie sollte das denn gemacht werden? Ein Tonmeister erschien und mit ihm eine monströse Apparatur. Willy schaute ziemlich verzweifelt drein, denn er spielte in dem Film einen Husaren, dessen höchstes Glück es ist, im Sattel zu sitzen. Das war für Willy schon quälend genug, denn er mochte keine Pferde und die ihn auch nicht. Nach dem Tonmeister kam am nächsten Tag Pommer angereist. Der Chef persönlich! Er verkündete nun auch noch, dass Willy singen müsste. Der traute seinen Ohren nicht. Die Außenaufnahmen wurden rasch beendet, man kehrte nach Babelsberg zurück und machte die ersten Tonaufnahmen. Als Willy seine Tonaufnahme zum ersten Mal hörte, brach er fast zusammen. Man hörte jede Fliege wie eine Fliegerstaffel, und das Surren der Kamera klang wie eine ganze Maschinenhalle, nur von ihm hörte man nichts. Das Studio wurde schalldicht gemacht. Aber nun heizte es sich unerträglich auf, und die Schauspieler schwitzten Niagara-Fälle. Als Willy sein Lied vom «Honved-Musketier» sang, kam Pommer wieder selbst vorbei und entschied nach den ersten Versuchen: «Der Fritsch bekommt Gesangsunterricht.» Als er den endlich überstanden hatte, kam Pommer wieder und eröffnete ihm: «Mein lieber Herr Fritsch, Sie singen natürlich nicht nur in Deutsch, Sie müssen das Lied auch auf Englisch, Französisch und Ungarisch singen.»[4] Willy war geschockt, er sprach keine der Sprachen, und er weigerte sich, aber Pommer blieb hart. Man stellte dem kaum noch freiwillig lächelnden Willy überall so genannte Neger auf, schwarze Tafeln, auf denen die Dialoge mit Kreide geschrieben standen. Kein Wunder, dass er das Ende des Filmes herbeisehnte, wie noch nie zuvor – da kam Pommer wieder ins Studio, Willy ahnte Böses. Jetzt sollte er auch noch einen Song reitend auf dem Pferd singen – nun war ihm alles egal. Willy ritt, sang und schwitzte durch das Studio. Kurz vor dem endgültigen Verzweifeln fragte sein ungarischer Sprachlehrer zu allem Überfluss, ob er denn gar kein Zipfelchen ungarischen Blutes in sich hätte, seine Aussprache sei ein Gräuel. Da wäre Willy ihm am liebsten an die Gurgel gesprungen.

Willy Fritsch war nach dieser Tortur der einzige Schauspieler, der nicht mehr zu einem Tontest musste. Er hatte als erster deutscher Star den Sprung in die Tonfilmära geschafft. Sein erster Satz, der für den Tonfilm aufgenommen wurde, «Ich spare nämlich auf ein Pferd.», verfolgte ihn noch jahrelang in den verschiedensten Varianten – seine Kollegen waren diesbezüglich sehr kreativ.

Nach dieser Schinderei gönnte Willy sich seinen ersten Mercedes inklusive Chauffeur, Herrn Richter.

Zu den erfolgreichsten Tonfilmen für Willy Fritsch wurden *Der Kongreß tanzt* (1930) und *Die drei von der Tankstelle* (1930). Für den Film *Die drei von der Tankstelle* hatte man die Tankstelle am Waldesrand in Babelsberg aufgebaut. Alles war fertig zum Dreh und der Regisseur schrie «Biiiitte». Lilian Harvey, Willys Partnerin, setzte sich mit ihrem Mercedes – einer Spezialanfertigung für diesen Film – in Bewegung und wollte an der Tankstelle vorfahren. Aber was war das? Ein Auto stand vor ihr. Ein Mann bestellte das Komplettprogramm: Volltanken, Wasser- und Ölstand, Fenster waschen und für unterwegs Wiener Würstchen. Fritsch, Rühmann und Karlweis gaben sich als vollendete Tankwarte und konnten sich dabei kaum halten vor Lachen. Der gute Mann merkte nichts, nicht einmal, als die drei begannen, alles in ein Lied verpackt aufzuzählen, was er sich gerade gewünscht hatte, um ihm dann mitzuteilen, dass sie ihm nichts davon geben könnten. Sie wünschten ihm noch eine «Gute Fahrt!», etwas verärgert fuhr er von dannen. Die Crew, die drei «Tankwarte» und Lilian krümmten sich vor Lachen.

Der Film brach in dem Jahr alle Kassenrekorde, und heute ist er ein Klassiker. Willy war inzwischen bei einer Monatsgage von 20.000 RM angelangt.

Endlich ging es 1931 auch einmal für die Turteltauben in den wohlverdienten Urlaub nach Südfrankreich. Dort überraschte Lilian ihren Willy mit dem Kauf der Villa Asmodeé in Cap d'Antibes, der «Halbinsel der Millionäre». Acht Zimmer und 3000 qm Garten nannte sie dort ihr Eigen – alles heimlich eingefädelt, um ihren Willy zu überraschen. Lilian wollte für sich und Willy, ihre erste große Liebe, ein ungestörtes Liebesnest schaffen. Sie verbrachten hier ihre glücklichsten gemeinsamen zwei Wochen. Beide wollten jetzt immer hierher kommen, um die Seele baumeln zu lassen. Willy kam nie wieder dort hin. Cap d'Antibes wurde Lilians Alterssitz.

Ihre Beziehung kühlte sich ab, als wieder einmal in der Presse von einer heimlichen Verlobung die Rede war und Willy nicht schnell genug dementieren konnte. Sie empfand es nicht gerade als schmeichelhaft. Zwar waren beide überzeugt davon, dass Künstler keine bürgerliche Bindung eingehen sollten, aber das Dementi kam ihr nun doch etwas zu fix. Wahrscheinlich hätte Lilian nichts dagegen gehabt, wenn Willy ihr doch die Frage aller Fragen gestellt hätte, aber zu diesem Zeitpunkt tat er es nicht. Auch gab Lilian vor, sich vor einer festen Beziehung zu sträuben, da ihre Eltern alles andere als glücklich miteinander waren.

Beim nächsten Weihnachtsurlaub, 1931 in St. Moritz, erlosch die Glut ganz, jedenfalls bei Lilian. Offiziell waren beide aller-

Willy Fritsch, 1935

dings weiterhin ein Paar. Sie sahen sich ja ständig bei den Dreharbeiten, den Premieren, Empfängen und Verbeugungstouren durch die deutschen Kinos. Auch noch als Lilian 1933 nach Hollywood ging. Sie erhielt von Willy einen Briefbeschwerer aus Silber zum Abschied geschenkt, auf dem hatte er ihr eingravieren lassen «Munkili, damit Du nie vergisst Deinen armen Wilhelm».[5] Willy brachte sie zum Lehrter Bahnhof, und dort fiel ihr der Abschied von ihrer ersten Leidenschaft dann doch sehr schwer.

Als Lilian nach vier mittelmäßigen Hollywood-Filmen 1935 nach Berlin zurückkehrte, machte ihr Willy endlich einen Heiratsantrag. Lilian lehnte nun aber ab, denn sie hatte inzwischen ihr Herz an den Regisseur Paul Martin verschenkt.

Willy trauerte nicht lange, dazu war er eine zu sonnige Natur, aber er hatte zu dieser Zeit den Kopf auch mit anderen Dingen voll. Er legte sich eine Villa in der Griegstraße zu, sie wurde nach seinen Vorstellungen gebaut. «Sein Stolz darauf unterscheidet sich nicht ein bisschen von dem, der ihn erfüllte, als er sich am Anfang seiner Laufbahn den ersten Pelzmantel kaufen konnte», schrieb die *Filmwoche* 1935 (Nr. 50). Das Ess- und Wohnzimmer waren ebenerdig und im altenglischen Stil eingerichtet, mit einer Uhr, die wie der «Big Ben» schlug. Die *Filmwoche* verglich das Haus mit Villen in Hollywood: «Es ist die selbe wohnliche Zweckmäßigkeit, auch dort hat man eine Vorliebe für roh verputzte, untapezierte Wände, die sich gut mit den dunklen Deckenbalken zusammenfügen, und der Klinkerwand um den Kamin.»

Zwei Jahre später heiratete Willy Fritsch dann die Schauspielerin Ilse Schmidt, mit der er zwei Kinder hatte; einer seiner Söhne ist der heute ebenfalls erfolgreiche Schauspieler Thomas Fritsch. Die Ufa war ganz und gar nicht begeistert von dieser Ehe, die Hochzeit sollte am besten gar nicht in die Presse gelangen. Lilian erklärte sich bereit, um den Schaden in Grenzen zu halten, als Trauzeugin zu fungieren. Aber die Fans bekamen es natürlich trotzdem mit und Willy wurde vorgeworfen, seine Traumpartnerin sitzen gelassen zu haben. Willy wurde nun erstmalig beschimpft, Lilian dagegen bekam unzählige Trostbriefe.

Der letzte gemeinsame Film des Erfolgspaares Harvey-Fritsch war 1939 *Frau am Steuer*.

Willy blieb weiterhin ein «Aushängeschild» der Ufa und war mit einer Jahresgage von rund 480.000 RM einer der bestbezahlten Schauspieler seiner Zeit.

Der völlig unpolitische Willy hatte sich für die NSDAP als Mitglied werben lassen. Er versuchte zwar, sich nicht für offizielle Propaganda einspannen zu lassen, konnte sich aber beim Propagandafilm *Junge Adler* (1944) nicht drücken. Es war sein letzter Ufa-Film.

Nach dem Krieg stand er ab 1948 wieder vor der Kamera und spielte u.a. 1953 in Romy Schneiders Filmdebüt *Wenn der weiße Flieder wieder blüht* den Vater.

Nach dem Krieg war auch Willys Berliner Zeit beendet, er lebte in Hamburg. Eine Wohnung allerdings behielt er in Berlin. Nach dem Tod seiner Frau 1963 lebte er sehr zurückgezogen, er starb 1973 in Hamburg.

Berlin-Zehlendorf, Schwanenwerder, Inselstraße 18

Gustav Fröhlich

Inselstraße 18 - Zehlendorf

Eigentlich wollte Gustav Fröhlich Schriftsteller werden, immerhin hat er ein Volontariat an einem Provinzblättchen absolviert und auch Groschenromane verzapft. Aber zum Glück besann er sich und betrat die Bretter, die die Welt bedeuten. Nach seinen Anfängen auf Wanderbühnen landete er zunächst auf Berlins Vorstadtbühnen. Schließlich schaffte er es sogar an die Volksbühne, um dort alles gleich wieder zu vermurksen: Es sollte sein freier Abend seit Monaten sein und Gustl, wie ihn seine Freunde nannten, hatte Karten für ein Stück am Deutschen Theater ergattert. Das Stück *Im Dickicht der Städte* sollte nur ein einziges Mal abends auf der Hauptbühne gezeigt werden. Das Werk stammte von einem jungen Dichter, der auf Anhieb in Berlin bekannt geworden war, aber eher dadurch, dass ihn alle ablehnten und ihn mit Entsetzen betrachteten – Bertolt Brecht. Gustav war es aber wichtiger, dieser Vorstellung beizuwohnen, als für einen ausgefallenen Kollegen an der Volksbühne einzuspringen. Danach forderte man ihn nicht wieder auf, für irgendjemanden einzuspringen, er flog hinaus.

Mit den letzten 18 RM in der Tasche versuchte er am Alexanderplatz, seinen Kummer zu ersäufen. Da kam sein Kollege Fritz Alberti als Glücksbote vorbei und vermittelte ihn zum Film. Bei der Phoebus-Film wollte man ihn gleich engagieren und sagte ihm, am Anfang würde es nur wenig Geld geben, er könne für runde 1500 Mark im Monat filmen, am besten gleich zwei Filme hintereinander. Gustav war perplex, bisher hatte er an der Volksbühne 492 RM im Monat verdient. Er konnte deshalb gar nichts sagen, so sehr freute er sich. Sein Schweigen wurde missverstanden und man bot ihm daraufhin 1600 RM an. Er unterschrieb sofort und stand 1925 in *Friesenblut* mit Jenny Jugo das erste Mal vor der Kamera.

Im gleichen Jahr hörte er von einem Großprojekt der Ufa. *Metropolis* sollte ein Zukunftsfilm unter Fritz Lang werden. Er bekam eine kleine Rolle als aufsässiger Arbeiter. Und wieder war ihm das Glück hold. Der Hauptdarsteller gefiel Fritz Lang und seiner Frau Thea von Harbou, die das Drehbuch geschrieben hatte, überhaupt nicht. Aber wer ist der Arbeiter neben der Hauptfigur Freder Fredersen? Gustav Fröhlich.

Bevor man sich bei der Ufa für ihn entschied, wurden heimlich Probeaufnahmen mit Gustav gemacht und daraufhin der Film gestoppt. Das gab es noch nie! Man zog sich zur Beratung ins «Haus Vaterland» am Potsdamer Platz zurück. Alles neu zu drehen würde Unsummen verschlingen, so das Hauptargument der Ufa-Chefs gegen die Umbesetzung. Nach langer, harter Diskussion konnten Lang und Harbou die Direktion aber doch überzeugen, es musste einen neuen Hauptdarsteller geben – und dieser hieß Gustav Fröhlich.

Nun begann die Schinderei für Gustl, wie auch für alle anderen Beteiligten. Unter Fritz Lang zu drehen, war alles andere als ein Zuckerschlecken. Elf Monate dauerten die Dreharbeiten und 500.000 Meter Film wurden gedreht, ein durchschnittlicher Film kam mit 2000 bis 3000 Metern aus. Es wurde der teuerste Film bis dato und brachte die Ufa an den Rand des Ruins.

Lang brachte in seinem Realitätsfanatismus alle dazu, dass Äußerste zu geben. Um echten Schmerz zu filmen, triezte er die Akteure, bis sie wirklich Schmerzen durchlitten. Gustav Fröhlichs Partnerin Brigitte Helm weigerte sich nach diesem Film jemals wieder unter Fritz Lang zu drehen.

Es gab im Film eine Schlägerei mit Gustav und einigen Arbeitern. Lang ließ die Szene solange wiederholen, bis der rechte Daumen von Gustav ausgekugelt war; unter Narkose musste er dann wieder eingerenkt werden. Dafür gab Fritz Lang 30 Minuten Pause, danach ging es gleich weiter – natürlich mit Gustav. Fröhlich sagte: «Es war meine schwerste Filmzeit.»[1]

Metropolis wurde der Stummfilm der Superlative, und alle Mitwirkenden haben sich damit ein Denkmal gesetzt. Dieser Film schaffte es 2001 als erster Film in das Weltkulturerbe-Register der UNESCO aufgenommen zu werden, gleichzeitig mit Goethes literarischem Nachlass, Beethovens 9. Sinfonie

(*Ode an die Freude*) und Gutenbergs Bibeldruck, eine bisher einmalige Ehrung für einen Film.

Das Meisterwerk von Fritz Lang brachte Gustav Fröhlich den großen Durchbruch, er wurde der Schwarm vieler Teenager, ging nach Hollywood und stand – nach seiner Rückkehr – mit Hans Albers, Emil Jannings und Willy Fritsch an der Spitze der deutschen Filmdarsteller. Allerdings ließ der große Durchbruch noch etwas auf sich warten, denn für *Metropolis* ließ sich Fritz Lang Zeit im Schneideraum, er war ein Perfektionist, und es interessierte ihn nicht, wie lange er an seinem Filmwerk arbeiten würde. Der Film kam erst Anfang 1927 in die Kinos. Gustav drehte sogar noch Filme zusammen mit Lee Perry für «Ebner und Galitzenstein», da er von der Ufa zunächst kein Folgeangebot bekam.

Immerhin konnte Gustl es sich jetzt leisten, in die Xantener Straße zu ziehen, gleich in nächster Nähe zum Kurfürstendamm. Gustavs Gage war aber nicht so üppig, dass es auch für ein hübsches Auto reichen würde. Er drehte noch für «lumpige» 1000 RM, denn noch war er kein Star. Aber ein weinroter Bugatti ließ ihm keine Ruhe mehr. Er war zwar gebraucht, aber immer noch sehr teuer. Thea von Harbou ließ sich erweichen und gab Gustl das nötige Kleingeld, damit er sich sein Prachtstück kaufen konnte. Teure, schnelle Autos sollten immer seine Leidenschaft bleiben. Dem Bugatti folgte ein Chrysler, dem ein Maybach ...

Der Tonfilm stellte für Gustl keine Hürde dar, er hatte am Theater genügend Erfahrung gesammelt, und sein erster Tonfilm *Der unsterbliche Lump* (1930) war ein großer Erfolg für ihn. Dann folgte er dem Ruf nach Hollywood und drehte die deutschen Versionen von *Kismet* (1931) und *Die heilige Flamme* (1931). Damals synchronisierte man noch keine Filme, sie wurden am gleichen Set in verschieden Versionen hintereinander weg gedreht, meistens auf Deutsch, Englisch und Französisch. In Amerika hielt es Gustav nicht lange, da sich ein vergleichbarer Erfolg nicht gleich einstellte. Wieder in Berlin bezog er in Zehlendorf eine Villa.

Gustav Fröhlich war gern gesehener Gast auf allen möglichen Partys und Bällen. Auf dem Berliner Opernball Anfang

1931 lernte er Gitta Alpar, die ungarische Opernsängerin, kennen. Sie war der Star des Abends und trat zu dieser Zeit allabendlich neben Richard Tauber im Metropol-Theater in *Schön ist die Welt* auf. Die beiden sahen und verliebten sich. Sie gaben sich kurze Zeit später, am 5. April 1931, im Standesamt Zehlendorf das Ja-Wort.

Gitta und Gustl drehten einen Film zusammen, *Gitta entdeckt ihr Herz* (1932), und avancierten zu neuen Publikumslieblingen. Mit dem Machtantritt der Nationalsozialisten drehte sich der Wind für viele. Goebbels hielt am 28. März 1933 im Hotel Kaiserhof vor der versammelten Künstlerschar eine Rede, in der er ankündigte, dass die Juden jetzt nicht mehr erwünscht seien, obwohl er kurz zuvor noch Fritz Lang und seine *Nibelungen* (1925) in den Himmel gelobt hatte. Beim nachfolgenden Empfang wurde die jüdische Gitta Alpar zurückgewiesen, woraufhin das Ehepaar Fröhlich-Alpar den Kaiserhof verließ. Gustav entschied: «Gittuskam, du fährst heute Nacht nach Budapest zu deinen Eltern. Nimm die zwanzig Mille mit, die wir auf der Bank haben. ... Ich mache meinen Film fertig und komme nach.»[2]

Gustav pendelte nun zwischen Budapest und Berlin. 1934, als seine Tochter Julika geboren wurde, verkaufte er die Villa in der Zehlendorfer Ziethenstraße.

Das Jahr 1935 wurde für beide zum Schicksalsjahr ihrer Ehe. Gitta erhielt ein verlockendes Angebot aus Wien, dort ihren Berliner Erfolg mit der *Dubarry* zu wiederholen. In Wien traf sie dann auf den Schauspieler Werner Fuetterer und konnte ihm nicht wiederstehen. Gustl stand derweil mit einer neuen Kollegin in dem Film *Barcarole* vor der Kamera.

Gustav, der hübschen Frauen nicht gerade abgeneigt war, sah Lida Baarova das erste Mal am Set und es funkte zwischen beiden sofort. Er kaufte sich nun eine Villa auf der Halbinsel Schwanenwerder in Berlin. Es war ein rotes Ziegelhaus mit hohen Giebeln, was an schottische Landhäuser erinnerte, der Garten war mit Birken und Kiefern bewachsen und fiel zum Wasser hin ab, wo ein Boots- und Badehaus lagen.

Die Beziehung zu seiner Frau kühlte im gleichen Maße ab, wie sie für Lida entflammte. Lida hatte zwar noch ihre eigenen

LIEBHABER, JUGENDL. HELDEN, BONVIVANTS

Photo: Bukovich

GUSTAV FRÖHLICH

Berlin SW 68, Kochstraße 5/6

UFA-JOE MAY-PRODUKTION

M 1128

37

Gustav Fröhlich
in «Filmführer. Der Wegweiser für den Filmproduzenten», 1929

vier Wände, wohnte aber meistens bei Gustav. Hier geschah im Winter 1937 dann die legendäre Ohrfeigen-Geschichte (siehe Lida Baarova, S. 22), für die Gustav zum Volkshelden aufstieg.

Willi Forst, der bei seinem Freund Gustav auf Schwanenwerder häufig zu Besuch war, da er sein Boot bei Gustl untergestellt hatte, sah die Geschichte recht realistisch und sagte: «Jedenfalls genügte dem ehrgeizigen Mädchen sehr bald die Einflussmöglichkeit Gustavs hinsichtlich ihrer Karriere nicht mehr. Seine Möglichkeiten waren auch, seien wir ehrlich, begrenzt. Er war weder Produzent noch Regisseur. Er hatte keine Rollen zu vergeben.»[3]

Fröhlich erzählte im Atelier von der Affäre seiner Lebensgefährtin mit dem Reichspropagandaminister, die er am Abend zuvor in flagranti erwischt hatte. Außerdem war an dem Tag zu lesen, dass Goebbels sich zu Dr. Sauerbruch in die Charité begeben hatte. Sauerbruch schrieb in seinen Erinnerungen, dass er den Klumpfuß des Ministers behandeln sollte. Schnell verbreitete sich die Geschichte mit der angeblichen Ohrfeige. Bald kamen auch ausgeschlagene Zähne und ein blaues Auge hinzu. Wie schließlich die Legende entstanden ist, dass Gustav dem Minister eine Ohrfeige versetzte, weiß man nicht. Die Beteiligten selbst haben ja die verschiedensten Versionen verbreitet. Sicher ist nur, Gustav hat Goebbels keinen Satz heißer Ohren verpasst, lebensmüde war Fröhlich bestimmt nicht.

Dass sich diese Geschichte hartnäckig hielt, lag wohl am Wunschdenken vieler Deutscher, bei denen «das Hinkebein» nicht sehr beliebt war. Jedenfalls stellte der Kabarettist Werner Finck in der Berliner «Katakombe» die eindeutig zweideutige Frage: «Wer möchte nicht mal Fröhlich sein?»[4]

Die schönen Tschechinnen hatten es Gustav offenbar angetan, denn mit der Prager Wäscheverkäuferin Maria Hajek, die er nur «Muzi» nannte, tröstete er sich über den Schmerz mit Lida hinweg. Er heiratete Muzi im Januar 1941 auf dem Standesamt Berlin-Zehlendorf.

Im Juni 1941 schien Gustav sein Glück zu verlassen. Bei den Dreharbeiten zu *Der große König* mokierte er sich über einen jungen Offizier, der den als Statisten mitwirkenden Soldaten das Essen immer wieder zu spät brachte. Das tat Gustav wohl etwas zu laut. Man verpfiff ihn und es gab eine Anzeige wegen «Wehrkraftzersetzung», zugleich entzog man ihm seine Unabkömmlichkeit, die so genannte UK-Stellung. Einen Monat später wurde er mit 39 Jahren zur Wehrmacht eingezogen. Die schöne Olga Tschechowa machte sich für ihn stark, als sie von Gustavs Frau hörte, dass er einberufen wurde. Sie ging kurz entschlossen zu Goebbels' Rivalen, zum Reichsmarschall Hermann Göring, und konnte Gustav für die Dreharbeiten zu *Mit den Augen einer Frau* (1942) freistellen lassen. Sie vermutete, wie viele, dass es eine späte Revanche von Goebbels war, «wohl wegen der Knallschote»[5]. Carl Froelich holte ihn im Januar 1943 aus dem Militär zum Film zurück, zu *Familie Buchholz.*

Gustav filmte nun bis Kriegsende weiter. Da die Bombardierung Berlins das Filmen immer schwieriger machte, wich man immer öfter nach Prag aus. Wie viele seiner Kollegen verbrachte er das Kriegsende in der Goldenen Stadt. Auch danach blieb er noch eine Weile dort, um zu hören, wo es in Deutschland sicher war. Er machte sich mit seiner Frau Muzi und seinem kleinen Fiat Topolino im August 1945 Richtung München auf. Die Fröhlichs hatten keinen Anlaufpunkt, bis Gustl sich an einen außergewöhnlichen weiblichen Fan erinnerte. Ihr musste er immer die neuesten Starportraits von sich schicken. Nach langem Überlegen fielen ihm auch der Name und die Adresse wieder ein – Erna Mayer aus der Kepplerstraße 2 in München-Bogenhausen. Gustav steuerte den kleinen Topolino schnurstracks dorthin. In der Kepplerstraße wurden sie mit großem Hallo begrüßt und wurden auf das Herzlichste aufgenommen, bis sie ihren eigenen Unterschlupf in Schwabings Kunigundenstraße fanden.

Im Frühjahr 1947 kam der Berliner Filmproduzent Artur Brauner extra nach München, um Gustav für den Film *Herzkönig* zu gewinnen. Nachdem Gustl erfuhr, dass er auch singen sollte, gab er zu bedenken, dass er in seiner Karriere bisher niemals gesungen hatte. Brauner stutzte zwar und sagte in einem Deutsch, welches damals noch nicht so geschliffen klang wie heute: «Was? Sie sind a beriehmter Schauspieler und kennen nich singen?» Er versuchte Gustav zu beruhigen: «Ich werde mit Regisseur sprechen. Wird er umschreiben Rolle fier Reden, ohne zu singen. Okay?»[6] So brachen Gustav und Brauner mit dessen klapprigen alten Fiat bei klirrender Kälte Richtung Berlin auf.

An der Sektorengrenze bemerkten sie, dass Fröhlichs Interzonenpass abgelaufen war. An der Westsektorengrenze war man nachsichtig und gab ihm noch den Tipp, sich bei Peter van Eyck in Zehlendorf zu melden, der Schauspieler sei jetzt US-Filmoffizier und könne bestimmt weiterhelfen. An der sowjetischen Sektorengrenze war Schluss mit der Nachsicht. Brauner nahm den Kontrolloffizier geheimnisvoll beiseite und sagte: «Wissen Sie, wer diese Mann ist da im Auto? Er ist weltberiehmte Schauspieler Gustav Freehlich, er haben Goebbels geohrfeigt.» Der Offizier hatte von dieser Geschichte schon einmal gehört und fragte Fröhlich: «Du Goebbels peng-peng?», und deutete an, sich selbst zu ohrfeigen, «Charascho, charascho. Du prima.» und klopfte Fröhlich auf die Schulter. An Brauner gewandt: «Er Nazi-Minister peng-peng, särr gutt. Passport braucht er trotzdem.»[7] Als alles Reden nicht half, machte Brauner sich in seiner Verzweiflung zum Kommandanten auf. Als der Kommandant von der berühmten Ohrfeige hörte, bewilligte er sofort die Durchreise. Inzwischen hatte Gustl im Auto gewartet und der russische Soldat meinte: «Was schreit Filmmensch so? Ich spreche eben mit Major. Bekommt Cherr Brauner Zettelchen fier Passieren russische Zone mit Ihnen, zu machen Film in Berlin. Gutt? Passieren auch ohne Zettelche meeglich, aber heeflich reden, nix schreien. Ich gucke wer du bist. Sähe: gutte Mensch, Kienstler – aber Ausweis nix mehr gutt. So ich Augen zu, du laufen ieber Grenze. Nu, was schreit der Filmmensch so?» Als Atze Brauner wieder angesaust kam, sagte der russische Kontrolloffizier noch zu Gustl: «Er ist von selbe polnische Gegend wie ich.» und ließ sie passieren.

Endlich in Berlin angekommen, fuhren sie gleich zum Regisseur Helmut Weiß, der im herzlichsten Ton sagte: «Gustl, so Leid mir's tut – in Herzkönig müsstest du singen. Ich hab's dem Brauner ausdrücklich erklärt. Mach's gut!»[8] Brauner verzog sich schnellstens, sein Interesse war auf den Nullpunkt gefallen. Wie Gustav nach München zurückkam, kümmerte ihn nicht mehr.

Gustav erkannte das Berlin, in dem er seine großen Erfolge gefeiert hatte, nicht mehr wieder. Er machte sich auf zu einem Besuch seiner Villa in Bad Saarow, wo ihm gleich ein Dieb in die Arme lief, der die Reste aus seinem Haus plünderte, die andere Diebe vor ihm übrig gelassen hatten. Von seiner Villa, in der von 1939 bis 1945 wohnte, standen nur noch die Mauern. Plünderer hatten sich der wertvollen Einrichtung angenommen. Gustav machte sich wieder auf den Weg nach München, dort hatte er wenigstens eine Bleibe für sich und seine Frau. Seine Berliner Zeit war für ihn definitiv vorbei. Wie die meisten seiner Kollegen, kam er nach dem Zweiten Weltkrieg nur noch als Besucher nach Berlin.

Nach 1945 wurde es ruhiger um den *Metropolis*-Star, er drehte nur noch vereinzelt Filme, u.a. neben der jungen Hildegard Knef seine letzte große Filmrolle in *Die Sünderin* (1951). Er schrieb später einige Drehbücher, führte Regie und spielte bis 1976 regelmäßig Theater. 1986 hatte Gustav Fröhlich nochmals einen großen Auftritt in Berlin, bei der Premiere der von Giorgio Moroder neu überarbeiteten Version von *Metropolis*.

Bis zu seinem Tode lebte er mit seiner Frau Muzi in Brissago am Lago Maggiore.

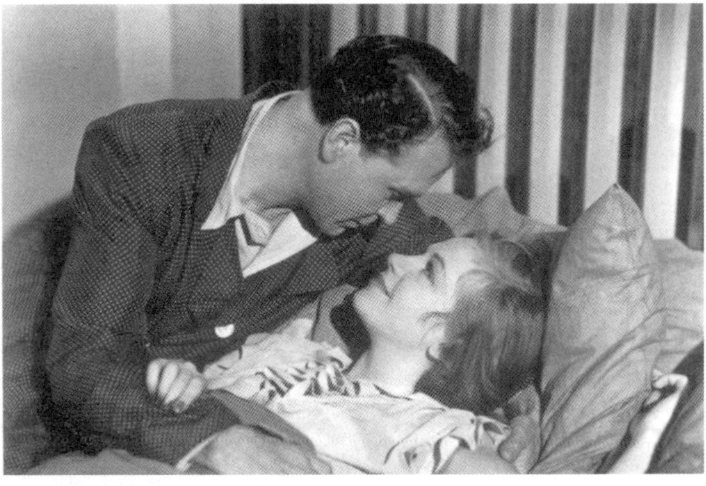

Gustav Fröhlich und Hildegard Knef in *Die Sünderin* (1951)

Berlin-Wilmersdorf, Düsseldorfer Straße 41 (Nachkriegsbebauung)

Valeska Gert

Düsseldorfer Straße 41 – Wilmersdorf

«Wenn man schon Geld verdienen muss, dann lieber im Theater als im Büro»[1], sagte einst Gertrude Valeska Samosch, bevor sie sich ab 1916 nur noch Valeska Gert nannte. Sie war die Begründerin der grotesken Tanzpantomime.

Die Gert nahm schon früh Tanzunterricht, u.a. bei Rita Saccheto. Ihr verdankte Valeska auch ihren ersten Tanzauftritt. «Voll Übermut knallte ich wie eine Bombe aus der Kulisse. Und dieselben Bewegungen, die ich auf der Probe sanft und anmutig getanzt hatte, übertrieb ich jetzt wild. Mit Riesenschritten stürmte ich quer über das Podium, die Arme schlenkerten wie ein großes Pendel, die Hände spreizten sich, das Gesicht verzerrte sich zu frechen Grimassen. ... Der Tanz war ein Funke im Pulverfass. Das Publikum explodierte, schrie, pfiff, jubelte. ... Ich zog frech grinsend ab.»[2] So beschrieb Valeska sich selbst in ihren Memoiren. Sie wurde sofort an das Ufa-Filmtheater am Nollendorfplatz engagiert – als Pausenfüllerin. Die Gage war lächerlich, allerdings bestand sie erfolgreich darauf, zwischen den Auftritten für sich und ihre Freundin Schokolade zu bekommen.

Durch Valeska Gerts Auftritte gerieten die Zuschauer so außer Rand und Band, dass Flaschen und Mobilar Richtung Bühne flogen. Aus Angst vor zu hohen Mobilarkosten beendete die Ufa-Theaterleitung das erste Engagement nach nur einer Woche.

Da kam das Angebot an die Münchener Kammerspiele gerade recht, aber nach einem Jahr war Valeska froh, wieder nach Berlin zurück zu können. Hier spielte sie kleine Rollen u.a. am Deutschen Theater. Tucholsky schrieb über sie 1921: «Eine dolle Nummer, eine hervorragende Tänzerin, eine außergewöhnliche Frau.» So erinnerte sich Valeska Gert in ihren Memoiren.

Sie traf auf Eric Charell, den späteren «König der Revue». Charell hatte Ende der 20er Jahre bis 1933 bombastische Erfolge mit seinen Revue-Inszenierungen am Großen Schauspielhaus in Berlin, z.B. mit *Das weiße Rössl*. Reinhardt sah ihn als seinen Nachfolger an. Charell brachte die Revue ins Kino, als Regisseur des Klassikers *Der Kongreß tanzt* (1930). Aber zunächst verdiente er sich sein Geld als Tänzer und überredete Valeska, mit ihm aufzutreten. Das tat sie auch, bis er beim Wintergarten-Varieté in Berlin ein Engagement unterschrieb, ohne es mit Valeska zu besprechen. «Das Ensemble war kitschig»[3] urteilte die Gert kurz und trennte sich von Eric Charell. Lieber übernahm sie wieder kleinere Rollen beim Theater, als klassisch oder kitschig zu tanzen.

Die Gert liebte es zu provozieren, sie wollte «das Unerhörte im Tanz ... Niemand hat es bisher gewagt, es ungeschminkt und wahrhaftig darzustellen.»[4] Sie revolutionierte den Tanz als Kunstform. In ihrem Tanz wechselte sie vom Knallbonbon zur Mimose. Sie reduzierte Mimik und Bewegung auf ein Minimum, um gleich darauf mit grotesker Übertreibung aufzuwarten. Ihre Bühnenmusik waren Straßenlärm, Geschirrklappern und Gekreische statt eingängige Melodien, sie verzichtete teils auf jegliche Requisite und trug statt schicker, eleganter Kostüme steife Kittel. Ihr Gesicht verzog sie zur Grimasse, was zu einer Extra-Schau wurde.

Sie bestimmte die Richtung des damaligen modernen Tanzes, und ihre Auftritte waren auch bei den Dadaisten sehr begehrt: «Die Dadaisten gaben eine Matinee in Berlin. Der Höhepunkt des Programms war ein Wettrennen zwischen einer Nähmaschine und einer Schreibmaschine. An der Schreibmaschine saß Georg Grosz. Kaum im Saal entdeckt, schleifte man mich auch schon auf die kleine Bühne, und ich tanzte zu den Geräuschen der beiden Geräte, eine Tüte mit Zeitungspapier mit zwei Pfund Spargel im Arm. Ich hatte ihn gerade auf dem Wochenmarkt gekauft.»[5]

Eine Schönheit konnte man die Gert nicht gerade nennen; das brachte ihr, zumal ihre neue Tanzform sehr umstritten war, nicht nur Jubelrufe ein. «Wie die Tänzerin Valerie Samosch, die sich Valeska Gert nannte, aussah, konnte niemand genau defi-

Valeska Gert, japanische Pantomime

nieren. Nur, dass sie hässlich war, das stand fest. Ihre wilden, grotesken, schamlosen Bewegungen machten sie noch hässlicher. ... In einem Badeort bot einmal ein empfindlicher Herr dem Barbesitzer, in dessen Lokal die Gert auftrat, eine große Summe Geldes an, damit er die Gert nicht mehr auftreten ließe, solange er in dem Kurort weilte und das Lokal besuchte.»[6]

Valeska Gert mit Greta Garbo in *Die freudlose Gasse* (1925)

Brecht erkannte sofort ihre Qualitäten: «Das, was Sie machen, darauf will ich hinaus,» gestand er ihr. «Sie sind gar nicht hässlich, wie die anderen sagen. Im Gegenteil, in Tibet gälten sie als Schönheit. Sie leben im falschen Land.»[7]

Valeska Gert wanderte nicht nach Tibet aus, sondern blieb in Berlin und wurde Mitte der 20er Jahre für den Film entdeckt. In *Die freudlose Gasse* (1925) von G. W. Pabst, spielte sie neben Asta Nielsen und der Garbo – übrigens der einzige Film, den «die Göttliche» in Deutschland gedreht hat. In der Verfilmung von Brechts *Dreigroschenoper* (1931), ebenfalls von G. W. Pabst, ist Valeska als Mrs. Peachum zu sehen.

Die Gert war mit dem buddhistischem Arzt Helmuth von Krause verheiratet, der ihre ständigen Affären 17 Jahre geduldig ertrug. Sie war u.a. mit dem von Anita Berber abgelegten Aribert Wäscher liiert. Auch sagte man ihr ein Techtelmechtel mit Emil Jannings und seinem besten Freund Werner Krauss nach. Es hieß damals, die Männer aufzuzählen, mit denen die Gert nicht geschlafen hatte, wäre einfacher als umgekehrt. Über ihren bevorzugten Typ Mann sagte sie: «Ich liebe nur etwas dicke Männer, die gleichzeitig sehr bleich sind.»[8]

1930 ging Valeska auf eine Tournee durch die UdSSR. Als sie in Moskau auftrat, verliebte sie sich heftig in Sergej Eisenstein (Regisseur von *Panzerkreuzer Potemkin*, 1925), der, ebenfalls von Valeska angetan, ihr nach Berlin hinterher reiste. Beide zeigten sich ganz ungeniert öffentlich in Berlin. Im «Küka» (Künstler-Café) trafen sie auf Geza von Cziffra und seinen Freund Paul Markus, bekannt als PEM. Gert hatte Eisenstein am Arm und sie setzten sich an deren Tisch. Nach etwas Konversation fragte sie Geza, den sie Attila nannte: «Attila, haben Sie eine sturmfreie Bude?» Geza sagte «Ja» und außerdem liege seine Wirtin im Krankenhaus. Valeska daraufhin: «Ein Glücksfall, dann gehen wir zu Ihnen.» Sie kaufte noch einige Flaschen Wein und Schnaps. Dann fuhren sie in Gezas Wohnung in die Spichernstraße 16. Sein Nachbar war übrigens Bert Brecht. Drinnen angelangt, rief sie: «Nanu, wo ist mein Taschentuch? Ich habe es eben noch in der Hand gehabt.» Geza ging ins Treppenhaus, um zu suchen. Da warf die Gert die Tür zu und rief: «Attila, kommen Sie nicht vor morgen Mittag nach Hause.

Wir wollen ungestört sein. Sie werden sicher eine Freundin haben, bei der Sie schlafen können.»[9]

Da sie Jüdin war, endete ihre Karriere in Deutschland 1933. «Sie hatte auswandern müssen, denn die spießigen Kumpane des Dritten Reiches waren moralisch den unkeuschen Darbietungen der Gert nicht gewachsen.»[10]

Valeska kam aber immer wieder nach Berlin zurück, zum einen in der Hoffnung, Tanzabende geben zu können und vor allem um Aribert Wäscher, ihren Geliebten, zu treffen. Obwohl es für sie gefährlich war und sie immer wieder gewarnt wurde, nicht nach Berlin zurückzukommen, war sie davon nicht abzubringen. 1936 heiratete die Gert in London ein zweites Mal, einen englischen Schriftsteller, der zwanzig Jahre jünger war, und das eigene Geschlecht durchaus recht anziehend fand. Ihr erster Mann hatte ihr aus Sicherheitsgründen dazu geraten. Mit einem britischen Pass in der Tasche und einem Briten an der Seite fühlte sich Valeska sicherer und traf sich weiterhin in Berlin oder in Kampen auf Sylt mit Wäscher, von dem sie nicht lassen konnte.

Ihre Wohnung in der Düsseldorfer Straße in Berlin behielt sie bis 1938. Sie hoffte wie viele andere auch, dass der Spuk bald wieder vorbei wäre. Bis zu ihrer Emigration nach Amerika tanzte sie in Paris, Budapest, New York und London.

In Hollywood versuchte sie vergebens Fuß zu fassen. Sie sprach zwar vor einigen Hollywoodgrößen wie Ernst Lubitsch vor, aber sie war zu eigenwillig und zu wenig anpassungsfähig. Salka Viertel sagte ihr: «Ich glaube es ist besser, Sie fahren wieder ab.»[11] Sie verließ Hollywood Richtung New York. Dort lebte Valeska Gert von der Unterstützung des National Refugee Service, zusätzlich jobbte sie als Tellerwäscherin und Aktmodell. Die Gert verstand es nicht, ihre Popularität aus Europa in Amerika für sich zu nutzen. Valeska hatte sich in Europa nie um Geld, Mieten, Einkäufe – den alltäglichen Kram – kümmern müssen. Sie wusste nie, wie viel ihre Männer verdienten oder sie selbst verdient hatte, wo das Geld blieb, wo der Schmuck herkam oder hinging – das war bisher alles unwichtig gewesen, in Amerika ohne ihre Männer war es lebensnotwendig.

In New York eröffnete sie mit geborgten 300 Dollar in einem Keller die «Beggar Bar», die sehr gut lief. Hollywoodgrößen gingen hier ein und aus, und bald war die «Beggar Bar» über die Grenzen New Yorks bekannt. Judy Garland sagte über Valeskas Laden, es sei «das einzige Lokal in New York, das anzusehen sich lohnt». Leider lag die Bar in einer verruchten Gegend, was zum Teil auch ihre Attraktivität ausmachte. An Valeskas Geschäft wollten auch einige Gangster der Nachbarschaft verdienen. Sie verlangten Schutzgeld, das zu zahlen Valeska nicht einsah. Daraufhin verwandelten die Gangster die Bar in Kleinholz.

Nach dem Krieg kam sie 1948 nach Berlin zurück und bezog am Kurfürstendamm eine Wohnung. Und sie gab wieder Tanzabende, und sie spaltete das Publikum wie eh und je.

Fred Hildenbrandt, der ehemalige Feuilleton-Chef des *Berliner Tageblatts*, erinnert sich, dass Valeska ihre berühmten und berüchtigten Tanzabende gab, das Berliner Publikum kam aus der Entrüstung nicht heraus, wobei ihre Anhänger, deren es eine beträchtliche Zahl gab, aus der Entzückung nicht heraus kamen.

In den 50ern zog sie nach Kampen auf Sylt. Sie stand immer wieder auf der Bühne und feierte in den 60er Jahren ein Comeback vor der Kamera, z.B in Federico Fellinis *Julia und die Geister* (1965) und in Rainer Werner Fassbinders Serie *Acht Stunden sind kein Tag* (1972) sowie in *Der Fangschuß* (1976) unter der Regie von Volker Schlöndorff.

Ihre große Zeit hatte sie aber in der Weimarer Zeit gehabt. Sie gilt «als eine der interessantesten Gestalten jener Berliner Epoche. Sie hat ihren Teil dazu beigetragen, Berlin abenteuerlich zu machen.»[12]

Berlin-Charlottenburg, Dernburgstraße 12

Käte Haack

Dernburgstraße 12 – Charlottenburg

Käte Haack wurde in Charlottenburg, damals noch nicht zu Berlin eingemeindet, geboren und zog nie aus ihrem Kiez heraus. Die zierliche, blonde Käte drehte über 100 Filme und stand neben Stars wie Henny Porten in *Skandal um Eva* (1930), Heinrich George in *Berlin Alexanderplatz* (1931), Hans Albers und Lilian Harvey in *Quick* (1932) oder als Baronin Münchhausen im Ufa-Jubiläumsfilm *Münchhausen* (1943), ebenfalls neben Hans Albers, vor der Kamera.

Kätchen, wie sie von ihren Freunden genannt wurde – und davon hatte sie viele – war stets die «gute Seele» beim Film oder am Theater. Vielleicht musste sie auch deswegen schon früh die Mutterrollen übernehmen, wie in der ersten Kästner-Verfilmung von *Emil und die Detektive* (1931).

Im Gegensatz zu ihrem braven, mütterlichen Image, feierte Käte sehr gerne, ob nun bei ihrer Freundin Asta Nielsen in der Fasanenstraße oder bei Hubert «Hubsi» von Meyerinck, der in der Giesebrechtstraße wohnte. Zu ihm ging sie gerne sonntags zum Tee oder Kaffee, aber nicht ohne die gemeinsame Freundin Adele Sandrock vorher abzuholen, die ebenfalls nur ein paar Meter von ihr entfernt wohnte.

Meistens gab es bei Adele schon ein Likörchen, dann steuerten beide das sonntägliche Kartenspiel bei ihrem Freund Hubsi und seiner Mutter an. Begrüßt wurde man gleich wieder mit einem Likör. Vom Kuchen, den Käte gebacken und mitgebracht hatte, konnte Hubsi montags meistens den Kollegen noch etwas mitbringen.

Zeit ihres Lebens stand sie auf der Bühne. In ihren jüngeren Jahren hatte sie in dem Stück *Überfahrt* von Sutton Vane großen Erfolg; sie stand dabei neben dem großen Filmstar Conrad Veidt auf der Bühne.

Der Propagandaminister Goebbels hatte eine besondere Affinität zum «Künstlervolk» und lud dieses gerne in sein Ministerium zu Empfängen ein. Das Erscheinen war Pflicht, ohne plausible Erklärung wäre man das Risiko eingegangen, später nicht mehr besetzt zu werden. Die Schauspieler erschienen daher gerne im Pulk, damit man sie nicht einzeln plazieren konnte. Käte suchte sich mit ihrer Freundin Hilde Körber und Paul Dahlke einen Platz auf der Empore, um einen guten Blick zu haben und besser über das Film- und Theatervolk lästern zu können. So sahen sie, wie Guido Tielscher neben Frau Goebbels sitzen musste. Als er seine Serviette nehmen wollte, erwischte er aus Versehen die Schleppe von Magda Goebbels und steckte sich diese in den Kragen. Wer weiß, ob das nicht gewollt war, denn Tielscher war Komiker.

An diesem Abend gab es ein köstliches Getränk, «Es war Kalte Schokolade, Sahne und wohl auch Alkohol. Hilde und ich waren begeistert. Herrlich, so lästern zu können, und dazu dieses wunderbare Getränk. Immer wieder bestellten wir neue Gläser.» Als sie aufstand, merkte Kätchen, dass sie erheblich angesäuselt war und wollte schleunigst nach Hause. «Wie ich durch die Säle gekommen bin, weiß ich heute nicht mehr ... Plötzlich hatte ich meinen Kopf auf der Garderobe! Wie war das möglich? Ich ging zum Ausgang ... und nahm ein Taxi» in die Mommsenstraße nach Hause. Am Ziel versuchte sie mit Contenance das Taxi zu verlassen und auf die Haustür zuzusteuern. «Ich bekam die Tür nicht auf, obwohl ich mich sicherheitshalber auf die Erde gesetzt hatte, um das Schlüsselloch zu finden. Der Schlüssel passte nicht.» Als Kätchen sich schließlich genauer umsah, merkte sie, dass sie schon seit ein paar Jahren nicht mehr an dieser Adresse wohnte.[1]

Am nächsten Tag stellte sich heraus, dass das Gesöff starker Kakaolikör gewesen war. Hilde Körber kam übrigens erst am nächsten Mittag nach Hause und wusste nicht, wo sie die Nacht verbracht hatte. Im Angedenken an diesen Abend schickten sich beide Damen jährlich eine Flasche Kakaolikör.

1937 feierte Käte ihren 40. Geburtstag. Nach der Feier kam der Frust. Man besetzte sie nur noch in Mutterrollen, aber auch das wurde immer seltener. Die Produzenten und Regisseure hielten sie, da sie diese Rollen so echt spielte, teils für über 50. Als sie mit ihrer Freundin beim Kaffee saß und ihr Leid klagte, hatte diese eine Idee. Sie nahm sich Kätes Pass zur Hand und schlug vor, das Geburtsjahr zu manipulieren: «Du machst aus der 7 eine 9, dann bist du wieder in den Dreißigern und kannst es allen zeigen.»[2] Gesagt – getan. Beide freuten sich über ihr Werk und stießen darauf an. Ein paar Monate später sollte Käte in Prag *Verdacht auf Ursula* (1939) drehen. Sie gab ihren Pass im Filmbüro ab, um ein Visum für die Dreharbeiten zu bekommen. Ein paar Tage später rief die Polizei bei ihr an, ihr Pass sei einbehalten worden und sie müsse sich auf dem Polizeirevier melden. Da fiel es ihr wie Schuppen von den Augen und erinnerte sich des fröhlichen Nachmittags mit ihrer Freundin. Zu ihrem Mann Heinrich Schroth traute sie sich nicht zu gehen, aber ihrer Tochter Hannelore vertraute sie sich an. Die verstand sofort die Situation und bestand darauf, ihre Mutter zur Polizei zu begleiten. Auf dem Revier ließ man Käte und Hannelore durch sämtliche Zimmer Spießruten laufen. Natürlich kannten alle die Schauspielerin und auch das Delikt für ihr Erscheinen. An höchster Stelle angelangt, hatte man kein Verständnis für die Sorgen einer Künstlerin. Nachdem sie richtig zusammengestaucht wurde, hieß es «Urkundenfälschung! Pass einbehalten!». Käte rief beim Regisseur Karl Heinz Martin an, der sich kaputt lachte, aber den Pass bekam er auch nicht zurück. Letztlich half die Reichskulturkammer, und man stellte Käte einen Beamten zur Seite, der sie auf Schritt und Tritt in Prag begleitete. Er war bei den Dreharbeiten dabei und wachte nachts vor ihrer Schlafzimmertür.

Käte Haack drehte bis 1944 regelmäßig in Berlin. Häufig ging sie auf Wehrmachtstourneen nach Holland oder Frankreich. Diese Tourneen waren sehr beliebt bei den Künstlern, da es in den besetzten Ländern noch nicht so starke Versorgungsengpässe gab. Nach Berlin kehrten die meisten ungern zurück, nicht so Käte, sie musste in ihre Stadt, in ihr Berlin.

Wegen der starken Bombardierung von Berlins Innenstadt zog Käte hinaus in ihr Häuschen nach Glienecke. Als ihre Tochter mit ihrem Mann 1944 nach Kitzbühel gingen, konnten beide sie zum Mitkommen bewegen. Hannelore meinte, die

Käte Haack mit Gustav Fröhlich in *Das Konzert* (1944)

Theater wären doch sowieso geschlossen. Also zog Käte der Tochter zuliebe mit.

Dann kam aus Berlin der Befehl, *Dr. phil. Doederlein* (1945) zu drehen. Käte: «Und dann tue ich etwas, was ich heute keinen Augenblick bereue: Ich fahre zurück in die arme, kaputte, todgeweihte und doch so geliebte Stadt Berlin.»[3] Keiner der Familie oder der Freunde verstand Käte, alle schüttelten den Kopf. Aber Käte ließ sich nicht aufhalten und machte sich auf den beschwerlichen, über eine Woche dauernden Weg nach Berlin.

Das Kriegsende überlebte sie in Glienicke. Das Häuschen platzte förmlich aus allen Nähten, da Freunde und Bekannte bei Käte ein Dach über dem Kopf fanden. Zum Glück hatte ihre Wohnung in der Duisburger Straße den Krieg recht gut überstanden. Sie zog Ende 1945 wieder in die Stadt und spielte auch gleich an der «Tribüne» unter Victor de Kowa in dem Stück *Ingeborg*.

Langsam normalisierte sich das Leben, und ab 1947 filmte Käte auch wieder u.a. in *Feuerwerk* (1953) mit Lilli Palmer und Romy Schneider. Allerdings stand sie nie in der ersten Liga der Stars. Sie sagte selbst, nie eine Traumrolle gehabt zu haben.

Ihr Traumdomizil fand sie am Lietzensee. In ihrer Wohnung mit Balkon zum See bekam sie häufig Besuch von ihrem Freund

Käte Haack mit Harry Liedtke in *Das Konzert* (1944)

Hubert von Meyerinck. Er stellte dann zufrieden fest: «Mein liebes Kätchen Haack lebt immer noch ihr kleines Prinzessinnenleben. In einer gepflegten Wohnung und mit ihrem berühmten Pudel Effi. Mit den vielen Blumen, die sie immer um sich hat und dem schönen Blick von ihrer Parterre-Wohnung auf den Lietzensee.» Effi «kommt überall mit hin ... in die Eisenbahn, ins Theater, in die Restaurants, meist unter dem Sitz.»[4] Effi kam auch mit zur Filmerei. So auch zu der Verfilmung des Effi-Briest-Stoffes, *Ein Schritt vom Wege* (1939), mit Marianne Hoppe in der Hauptrolle, unter der Regie von ihrem Mann Gustaf Gründgens. Gedreht wurde auf deren Grundstück am Zeesener See. Gründgens taufte Effi wegen ihres lauten Organes auf «Kleffi Briest» um.

Anfang der 60er Jahre zog Käte Haack sich vom Film langsam zurück, drehte aber noch viel für das Fernsehen und blieb bis ins hohe Alter dem Theater treu. Elf Tourneen absolvierte sie in ihren letzten Lebensjahren. Am liebsten mit Ernst Deutsch, der suchte die besten Fresslokale im kleinsten Ort aus.

Allein als Mrs. Higgins in *My Fair Lady* stand sie über 1000 Mal auf der Bühne, und wurde umjubelt in Berlin, Zürich, Hamburg, Frankfurt, Luxemburg ...

Berlin-Wilmersdorf, Düsseldorfer Straße 47

Lilian Harvey

Düsseldorfer Straße 47 - Wilmersdorf

In London erblickte die kleine, zierliche Lilian 1906 das Licht der großen, weiten Welt, welche sie später erobern wollte. Ihr Familienname war Pape. Ihre britische Mutter brachte Lilian zur Welt, während der deutsche «Papa» sich auf längerer Reise im Ausland befand.

Sie war eine Knirpsin von 158 cm, die aber ungeheure Mengen verputzen konnte und trotzdem ihre 38 kg beneidenswerterweise stets behielt.

Im Juni 1914 besuchte die Familie Pape ihre Verwandten in Deutschland, u.a. auch in Berlin. Mit dem Ausbruch des Ersten Weltkrieges konnte Lilians Familie nicht mehr nach England zurückkehren. So blieben sie in Berlin. In der Städtischen Oper Berlin-Charlottenburg erhielt Lilian bis 1923 eine Tanzausbildung. Danach schlug sie sich wie viele andere Mädchen als Revuegirl durch und entschied sich, von nun an den Namen ihrer Großmutter Harvey zu tragen.

Von ihrem ersten Geld mietete sie sich in der Düsseldorfer Straße zusammen mit ihrer Mutter eine Wohnung. Ihr Zimmer war übersät mit den Bildern von Conrad Veidt - ihrem großen Schwarm.

Für den Film entdeckt wurde Lilian in Wien am Ronacher-Theater von dem Produzenten und Regisseur Robert Land. Er drehte mit ihr 1924 ihren ersten Stummfilm. Als der Berliner Produzent Richard Eichberg den Film sah, nahm er Lilian mit einer monatlichen Gage von 1000 Mark unter Vertrag. Er sah die Starqualitäten von Lilian sofort und sagte ihr deswegen auch Mitspracherecht bei der Rollenauswahl und den Drehbüchern zu, woran er sich später nur ungern erinnerte.

1926 drehte Lilian für Eichberg ihren fünften Film, und das in Kooperation mit der Ufa. Eichberg wollte Willy Fritsch als

Lilians Filmpartner in *Die keusche Susanne.* Es war der erste gemeinsame Film mit Willy Fritsch, es folgten noch elf weitere. Eichberg hatte einen goldenen Riecher – Willy Fritsch und Lilian Harvey wurden das Traumpaar des deutschen Kinos.

Lilian verliebte sich unsterblich als *keusche Susanne* in ihren Filmpartner Willy. Allerdings schien er sich gar nicht für das Energiebündel zu interessieren, denn er war bereits ein großer Ufa-Star, umschwärmt von allen Frauen. Lilian war darüber todunglücklich. Eine ältere Kollegin konnte ihre Liebesqualen nicht länger mit ansehen und half dem Glück ein wenig auf die Sprünge; sie arrangierte es, dass Willy nach Drehschluss seine Filmpartnerin in seinem Mercedes mitnahm. So begann 1926 die private Romanze des seinerzeit berühmtesten Liebespaares der deutschen Leinwand. Willy steuerte direkt den Potsdamer «Klosterkeller» an, wo sich beide näher kamen und auch ihren ersten Kuss getauscht haben sollen.

Willy war Lilians erste große Liebe, und sieben Jahre blieben die beiden ein Paar. Sie nannte ihn Kaki und er sie Munkili. Er erwies sich immer wieder als echter Freund, u.a. bei den Nerven aufreibenden Verhandlungen der Ufa mit der Eichberg Film GmbH. Eichberg wollte seine Entdeckung Lilian nicht an die mächtige Ufa verlieren. Es kam zu vielen Querelen, u.a. verpetzte Jenny Jugo die Pläne der Ufa, um sich die quirlige Konkurrenz einer Harvey vom Leib zu halten. Als «Dank» wurde Jugos Ufa-Vertrag nicht verlängert. Zwei Arbeitsrechtsprozesse mussten durchgestanden werden, bis die Ufa 75.000 RM als Ablösesumme zahlte und Lilian einen Dreijahresvertrag gab.

Bei dem nächsten Harvey-Fritsch-Film, *Ihr dunkler Punkt* (1928), konnten die Liebesszenen nicht echter sein, und das war genau das, wonach das Publikum gierte.

Bei den Dreharbeiten nahm eine unglückliche Unfallserie für Lilian ihren Anfang: Eine Hand wurde von einer Autotür eingequetscht, sie konnte nur noch in einem Muff weiterdrehen, damit man die geschwollene Hand nicht sah. Das hielt dieses Powerpaket aber nicht davon ab, sich weiterhin gefährlichen und schwierigen Situationen zu stellen. So musste sie in *Wenn du einmal dein Herz verschenkst* (1930) in einen

Teerbottich fallen – natürlich gefüllt, danach stand sie einen Tag im Badezimmer, um den Teer abzubekommen. Ein andermal musste sie wiederholt an einer Ankerkette am Schiff hinaufklettern. Der Kapitän und die Mannschaft gestikulierten wild, der Regisseur ignorierte alle und ließ Lilian ungerührt wieder ins Wasser springen. Als die Szene abgedreht war und alle an Bord kamen, verwies der Kapitän den Regisseur von Bord, denn Haie schwammen in der Nähe des Schiffes, und er hatte Lilian trotzdem weiter ins Wasser springen lassen.

Ein halbes Jahr vor Drehbeginn zu dem Film *Glückskinder* (1936) hatte sie einen schweren Autounfall auf der Avus. Lilian hatte zwei gebrochene Rippen, das rechte Bein war siebenmal gebrochen, dazu kamen Schnittwunden an Stirn und Händen. Die Ärzte meinten, sie würde nie wieder tanzen können. Sechs Monate später steppte sie bereits neben Paul Kemp unter größten Schmerzen mit einer Beinschiene, die unter einem langen Kleid versteckt war.

Der Tonfilm war für die gesangserfahrene Lilian kein Problem. Nur fanden die Ufa-Chefs, ihre Stimme sei nicht passend. Zu so einem zierlichen, blond gelocktem Persönchen könne keine tiefe Stimme gehören. So wurde Lilians Stimme einfach schneller abgespielt – oder hochgetunt, wie man damals sagte. Darüber amüsierten sich später die Journalisten, die sie interviewten.

Der erste Tonfilm von Lilian und Willy, *Liebeswalzer* (1929), war so sensationell erfolgreich, dass in verschiedene Kinokassen eingebrochen wurde, um an Karten zu gelangen. Mit diesem Film wurde das «Traumpaar der Ufa» geboren, das «Liebespaar des deutschen Films». Die Presse warf sich förmlich auf die beiden und spekulierte «Sind Sie nun ein Paar oder nicht?», die Meldungen überschlugen sich. Ob nun wichtig oder unwichtig – da machte die *Filmwoche* schon mal eine Geschichte mit Lilian über die wirklich brennend interessante Frage, «ob man mit Temperament – oder mit Andacht baden müsse?» Hauptsache, sie waren die Schlagzeile und schon verkaufte sich das Blatt besser – ob wahr oder nicht: Haben sie schon geheiratet? Ja! Wann denn? – Nein, aber demnächst! Bei uns zuerst! Sensation: Willy hat seine Lilian heimlich geehelicht! Noch nie zuvor waren Filmstars so populär in Deutschland. Wo immer sie erschienen, kam es zu Massenaufläufen. Oft musste die Polizei die zierliche Lilian retten, man riss die Wagentür aus den Angeln bei der Premiere von *Der Kongreß tanzt* (1930), ein anderes Mal musste Willy sie auf seine Schultern heben, um sie aus den Massen zu retten. Ihre teuren Pelze mochte sie schon gar nicht mehr bei Premieren tragen, da immer Stücke herausgerissen wurden.

Für die Presse war die Liebe zwischen Lilian und Willy ein gefundenes Fressen. Dass sie eines Tages heiraten würden, war nur eine Frage der Zeit. Lilian selbst wollte offiziell von Heiratsplänen nichts wissen. Wenn Willy sich aber zum rechten Zeitpunkt getraut hätte, wie z.B. bei einem Urlaub in Südfrankreich, wäre der Traum zahlreicher Fans wohl wahr geworden. Aber er machte ihr erst Anträge, als sie ihr Herz bereits an den Regisseur Paul Martin verschenkt hatte. Zuvor hatte ihr schon Charles Boyer, der die Rollen von Willy in den französischen Versionen übernahm, Avancen gemacht. Sogar ein Cartier-Armband schenkte er ihr, aber Lilian ließ ihn damals für ihren Willy stehen. Am Anfang fand Lilian, wie auch Willy, dass die Ehe kein erstrebenswertes Ziel für einen modernen Menschen und schon gar nicht für Künstler sei. Als Hollywood Anfang der 30er Jahre bei ihr anklopfte, liebäugelte sie natürlich mit dem Gedanken, es dort zu probieren, das wusste auch Willy und fragte sie gar nicht erst. Hollywood kam für ihn nicht in Frage, obwohl auch er ein Angebot aus der Traumfabrik erhielt, denn er war zu bequem, Englisch zu lernen. Außerdem arbeitete Lilian pausenlos, da in ihren Filmen alles so perfekt wie möglich sein musste. Da blieb für ein Privatleben kaum Zeit.

Lilian genügten vier bis fünf Stunden Schlaf am Tag. Sie war immer pünktlich um 7 Uhr in Babelsberg zum Schminken, damit pünktlich um 9 Uhr gedreht werden konnte. Wegen ihrer Disziplin geriet sie auch mit Hans Albers aneinander. Bei den Dreharbeiten zu *Quick* (1932) «kam Albers erst um 9 Uhr in seinem Mercedes, mit Tatü Ta-Ta und brauchte eineinhalb Stunden, um sich als Clown zu schminken. Die beiden waren wie Hund und Katze».[1]

LIEBHABERINNEN, NAIVE

Photo: Ufa

LILIAN HARVEY

Berlin-Wilmersdorf, Düsseldorfer Straße 47

TEL.: J 2 OLIVA 2561

M 1130

254

Lilian Harvey
in «Filmführer. Der Wegweiser für den Filmproduzenten», 1929

1932 zog sie ins mondäne Westend, wo sie eine Villenetage von einem Rittergutsbesitzer gemietet hatte. «Ein wirklich würdiger Rahmen für einen Filmstar. ... Lilian bewohnt diese Räume mit ihrer Mutter, der Zofe Mary, einem Papagei und dem Sealhyam-Terrier Chicky, den ihr Willy geschenkt hat.»[2]

Die zierliche Lilian war sehr, sehr ehrgeizig und arbeitete bis zum Umfallen. Sie spielte als Einzige jede Rolle dreimal hintereinander weg – auf Deutsch, Englisch und Französisch, da sie alle drei Sprachen beherrschte. Dadurch wurde sie schnell zum internationalen Filmstar. Adele Sandrock sagte ihr beim Dreh von *Der Kongreß tanzt*: «Kindchen, es muss doch schrecklich sein, von morgens bis abends auf Deutsch, Englisch und Französisch immer nur schön sein zu müssen! Ja, mein Kind, aus dir kann noch etwas werden.»[3]

Als «Königin der Ufa» hatte sie entsprechendes Mitspracherecht bei der Auswahl von Regisseuren und Drehbüchern. Bei dem Film *Ich und die Kaiserin* (1933), Friedrich Hollaender führte erstmalig Regie, spielte sie laut Drehbuch eine Friseurin und bekam zum Schluss den Kapellmeister, Heinz Rühmann. Männlicher Star war Conrad Veidt als Marquis de Pontignac. Nur hatte Lilian das Drehbuch nicht zu Ende gelesen. Als der Film soweit im Kasten war, dass nur noch die Schluss-Szene fehlte, schrie sie: «Waaas? Ich krieg den Rühmann? Mit dem kann eine Harvey plänkeln, aber den heiratet sie doch nicht. Ich bin der Star – ich muss doch selbstverständlich den Star kriegen!» Es ging hin und her. Eine Friseurin und ein Marquis, das glaubt kein Zuschauer, hielt «Fritze» Hollaender ihr entgegen. «Ich glaube es! Und zwar glaube ich es 100%ig!», zeterte sie zurück. «Aber hör doch mal Großmutti ...», sagte Fritze besänftigend. «Großmutti hat auch mal die Nase voll! Wer ist der Star? Der Zuschauer oder ich? Abbrechen! Sofort die Aufnahmen abbrechen!», rief sie. Großmutti nannten die Kollegen Lilian deshalb gerne, da sie noch so jung war. Als Hollaender nach dem Produktionschef Pommer rief, schrie sie Fritze nach: «Pommer wird dir auch nicht helfen! Ich mach den ganzen Film nicht, wenn ich den Veidt nicht kriege!»[4] Conrad Veidt stand in der Ecke und amüsierte sich derweil. Pommer kam und versuchte zu schlichten, aber auch er biss auf Granit, und alle landeten bei dem Generaldirektor Ernst Hugo Corell. Der schaute auf seinen Produzenten, den Regisseur und seinen Star – und er wusste genau, wer ihm momentan die Kassen füllte. So küsste Lilian natürlich zum Schluss nicht Rühmann sondern den Frauenschwarm Connie Veidt, für den sie schon als Teenager geschwärmt hatte.

Als Lilian das Drehbuch von *Ein blonder Traum* (1932) aus der Feder von Billie Wilder (der sich damals noch mit ie am Ende schrieb, das y kam erst in Hollywood) und Walter Reisch las (der später *Ninotchka*, 1939, für Greta Garbo unter Ernst Lubitsch schrieb), wurde sie fuchsteufelswild. Ein Unding – was haben diese beiden stümperhaften Schreiberlinge gewagt! – Lilian sollte am Ende des Filmes von zwei Männern, Willy Fritsch und Willi Forst, verlassen werden. Undenkbar! Pommer gab Lilian Recht, da sie momentan das beste Zugpferd der Ufa war. Billie war genervt, fand aber einen genialen Ausweg: «Wir bringen einen kleinen Hund hinein. Ich kann mir keinen Hund vorstellen, dem es nicht ein Leichtes wäre, Lilian Harvey an die Wand zu spielen. Der eine Willy bekommt dann Lilian, und der andere Willi bekommt den Hund, und meiner Meinung nach ist der, der den Hund kriegt, der Gewinner.»[5] So kam es, Willy Fritsch bekam seine Lilian und besang sie als das «süßeste Mädel der Welt». Das wurde sie dann auch für ihre Fans. Massenweise erhielt sie von ihren Verehrern und Verehrerinnen Post. Es genügte auf den Brief zu schreiben «An das süßeste Mädel der Welt», und die Post beförderte die Briefe in riesigen Postsäcken selbstverständlich an Lilians Adresse.

Für *Ein blonder Traum* fehlte einer Szene der letzte Schliff. Bei einer Besprechung mit Wilder, Reisch, Pommer und Willy hatte Lilian die Idee einer Seiltanzeinstellung, die sie spielen wollte. Alle waren begeistert – nur konnte sie es nicht, und ein Double kam nicht infrage – also schien die Idee gestorben. Nicht für Lilian. Sie ließ sich ein Drahtseil auf dem Dachboden der Villa in der Ahornstraße spannen und trainierte jeden Morgen ab Punkt 6 Uhr mit einem berühmten Drahtseilartisten.

Nach ca. vier Wochen lud sie Pommer, Wilder und Reich, sowie Willy zum Frühstück zu sich und präsentierte ihr neu erlerntes Können. Pommer drückte ihr eine Mark in die Hand und klopfte ihr voll Anerkennung auf die Schulter. Willy grinste und meinte, sich so etwas gedacht zu haben, aber er selbst würde sich nie so einer Strapaze unterziehen, selbst wenn er vertraglich dazu verpflichtet wäre.

Willy und Lilian waren grundverschieden. Er wollte nach seinen Drehs Ruhe haben und das Leben genießen. Lilian genau das Gegenteil. Kein Wunder also, dass sie bei den Dreharbeiten zu *Ein blonder Traum* ihr Herz dem Regisseur Paul Martin schenkte. Martin war das genaue Gegenteil von Willy, er war sehr ambitioniert, alles musste perfekt sein, egal wie viel Anstrengungen und Zeit es kostete. Paul Martin war da genau wie Lilian. Beide drehten sechs Filme zusammen.

Lilians Mutter wollte Martin aber nicht als Schwiegersohn akzeptierten, sie wollte Willy und sonst keinen. Da ihre Mutter nicht nachgab, trennte sich Lilian erstmalig von ihr und mietete für sie in der Kurländer Straße eine Bleibe, um daheim mit ihrer neuen Liebe ungestört zu sein.

1933 folgte Lilian dem Ruf nach Hollywood. Für Martin erwirkte sie ebenfalls einen Vertrag und er begleitete sie nach Amerika. Großes Aufsehen erregte sie dort vor allem mit ihrem schneeweißen 7,7-Liter Mercedes – einer Sonderanfertigung für «läppische» 64.000 RM. Sie hatte sich den gleichen Rennmotor einbauen lassen, mit dem Rudolf Caracciola gerade einen Rekord aufgestellt hatte. Es war der größte Wagen in Hollywood, die Türgriffe aus Sterlingsilber trugen den Namenszug «Lilian» eingraviert, wohl damit man ihn nicht verwechselte.

Die «Diamondlady», wie man sie wegen ihres extravaganten Schmuckes nannte, verließ nach nur vier mäßig erfolgreichen Filmen die USA wieder und kam 1935 zurück nach Berlin. Sie wurde von ihren Fans mit frenetischem Jubel begrüßt.

Natürlich versuchten die neuen Machthaber, sie für ihre Propaganda einzuspannen; aber bis auf wenige Ausnahmen schaffte es Lilian, sich aus allem herauszuhalten. Als sie es allerdings wagte, Verfolgten zur Flucht aus Nazi-Deutschland zu verhelfen, wurde sie als zunehmend «unzuverlässig» eingestuft und sah sich gezwungen, Deutschland 1939 heimlich zu verlassen. Den Mercedes parkte sie auffällig in Berlin und kaufte sich einen Kleinwagen, in dem sie ihren Schmuck im

Wert von 1,5 Millionen RM versteckte. An der Grenze hielt man sie an, sie hatte Angst, dass man sie verhaften würde, aber man fragte sie nur nach Autogrammen, dann konnte sie ungehindert passieren.

Die Nazis beschlagnahmten ihr Vermögen und haben ihr die deutsche Staatsbürgerschaft aberkannt, die sie nie besessen hatte. Sie ging zunächst nach Frankreich und finanzierte dort zwei Filme, in denen sie auch die Hauptrollen spielte. *Sérénade* und *Miquette* (1940) floppten leider beide und waren ein finanzielles Desaster für sie. Es waren ihre letzten Filme. Von nun an sank ihr Stern. Sie konnte keine Filmrollen mehr erhalten. Sie ging zunächst 1941 nach Beverly Hills und hat sich karitativen Aufgaben gewidmet. Ihr riesiges Anwesen in Tetétlen in Ungarn verlor sie nach dem Krieg. Ihr blieb nur ihre Villa Asmodeé auf Cap d'Antibes, wohin sie 1946 zurückkehrte und dort ihren Lebensabend verbrachte.

Im September 1949 kam sie zum ersten Mal nach Berlin zurück, auf Konzertreise durch Europa. Ihren ersten Auftritt hatte sie in der Filmbühne Wien am Kurfürstendamm. Jubelnde Menschenmassen versperrten ihr den Eingang zum Kino. Lilian musste von ihren Musikern hochgehoben und in das Kino hineingetragen werden. Als sie auf der Bühne vor dem Mikrofon niedergesetzt wurde, jubelte das Publikum frenetisch. Lilian war sehr gerührt und kämpfte mit den Tränen. Es dauerte eine halbe Stunde bis sie sich halbwegs wieder gefasst hatte und ihr Konzert mit alten Hits aus ihren Filmerfolgen geben konnte. Als sie nach dem Auftritt aus dem Kino kam, standen immer noch Menschenmauern vor der Filmbühne Wien und drängten sich, «Lilli! Lilli» rufend, um ihr hilflos tutendes Auto. Als es dann doch davonfahren konnte, liefen viele hinterher. Ihre Fans hatten sie nicht vergessen.

1968 trat sie ein letztes Mal, entgegen dem Rat ihres Arztes, in Garmisch-Partenkirchen auf und verstarb kurz darauf an einer verschleppten Gelbsucht.

Ihre letzte Ruhe fand sie, gekleidet in ihr Lieblingskleid aus hellblauem Buchesse, in Robiac auf Cap d'Antibes. Auf ihrem Grab steht ein Standbild der Tänzerin «Fanny Elssler», für Lilian war es die bedeutendste Rolle.

Berlin-Charlottenburg, Kaiser-Friedrich-Straße 54

Trude Hesterberg

Kaiser-Friedrich-Straße 54 – Charlottenburg

Die Grande Dame des deutschen Kabaretts der 20er Jahre hatte ihre Kinderstube in der Kaiser-Friedrich-Straße, unweit ihrer später so erfolgreichen «Wilden Bühne» in Charlottenburg. In ihrem Elternhaus klopfte eines Tages ihr Schicksal in Gestalt ihrer Tante Tomaschek, einer Wagner-Sängerin, an die Tür. Sie hatte einen beträchtlichen Umfang, körperlich, wie auch stimmlich. Als sie durch die Tür trat, wackelte und schepperte der ganze Nippes in der Wohnung. Tante Tomaschek rollte das R so herrrvorrragend, dass die kleine Trude ganz hingerrrissen warrr. Und wo die Tante schon überall auf der Bühne gestanden hatte, in Mailand an der Scala und der Metropolitan in New York – Trude war begeistert. Völlig unerwartet sagte dann Trudes Mama: «Und das Kind singt auch ein bisschen – nur so für den Hausgebrauch!» Tante Tomaschek sprang auf, der Nippes klirrte, sie ließ sich am Klavier nieder und schlug ein paar Akkorde an. Trude sah ihre Chance gekommen, groß und berühmt zu werden und sang was die Lungen hergaben. Das Tantchen war begeistert und reagierte singend: «Das Kind muss zur Bühne. Ich werde sie unterrichten.» Mama Hesterberg war ebenfalls begeistert, doch zog sich ihr Gesicht in Falten, da sie an Papa Hesterbergs zugeknöpftes Portemonnaie dachte. Aber die Tante schien Gedanken lesen zu können und setzte hinzu: «Nur keine Sorge, meine Liebe! Nicht für schnödes Geld. Das mache ich umsonst, aus Liebe zur Kunst!»[1] Mama Hesterbergs Falten waren wie weggeblasen. Später kam die Tante allerdings öfter und pumpte Trudes Mutter an. Aber Trudes Stimmbänder wurden bestens trainiert und tatsächlich auf Hochtouren ge-bracht, die Tante verstand ihr Handwerk.

Der nächste Schritt für die junge Hesterberg führte an das Sternsche Konservatorium, das unter der Leitung von Prof.

Gustav Hollaender stand, dem Onkel von Friedrich Hollaender. Dazu musste allerdings die Festung Vater genommen werden. Allein beim Wort Theater sprangen bei ihm alle Alarmglocken an, und er sprach so verächtlich es nur ging: «Diese Mucken werden wir dir schon austreiben! Jetzt langt es mir aber!»[2] Trude wurde auf die «Villa Emilie» verbannt, so nannte die Familie ihre Gartenlaube in Röntgental bei Bernau. Draußen in aller Einsamkeit kam Trude eine Idee. Sie interessierte und engagierte sich plötzlich für Hühnerzucht und Erdbeeranbau. Das kostete auch etwas Geld, aber dem Papa waren diese neuen Interessen seiner Tochter lieber als die Theaterflausen und er war bereit, dafür auch seinen Geldbeutel zu öffnen. Aber er hatte nicht mit Trudes Plan gerechnet. «Die Erdbeeren gediehen prächtig unter meiner Pflege und waren, trotz sonntäglicher Erdbeerbowlen, Erdbeertorten und kosmetischer Verwendung seitens der Mama, nicht totzukriegen. Ebenso ging es mit den Eiern.»[3] Sie bestach eine alte Bäuerin, die ihre Erdbeeren und Eier auf dem Markt in Bernau verkaufte und «einen schönen Batzen Geld»[4] mit zurück brachte. Sie selbst fuhr mit diesen Einnahmen zum Sternschen Konservatorium in die Bernburger Straße in Berlin, meldete sich an und bezahlte die 45 Mark Aufnahmegebühr. Trudes Taschengeld und die Einnahmen vom Markt reichten gerade für Unterricht und Fahrgeld. Das ging eine Weile gut, bis der Papa unerwartet früh von einer Reise zurückkehrte. Trude hatte die sturmfreie Zeit für eine «Italienische Nacht» an der Panke genutzt. Freunde vom Konservatorium waren gekommen, es wurde getrunken, gesungen und getanzt. Urplötzlich standen Trudes Eltern in der ausgelassenen Runde. Niemand sagte etwas. Ein Studienkollege wollte Trude vor den Eltern in Schutz nehmen und meinte: «Aber, Herr Hesterberg, wir sind ja nur die Studienfreunde von Trude ...» Weiter kam er nicht, denn Herr Hesterberg fragte eisig: «Was für Studienfreunde?» – «Na, vom Sternschen Konservatorium!»[5] Trude brach zusammen – die Freunde auf. Es stellte sich heraus, als der Vater früher nach Hause kam, hatte auch Trudes Mutter ihr seltenes Strohwitwendasein genutzt und eine kleine Gesellschaft gegeben, in die der Gatte hineinplatzte. Um den Streit zu vergessen, fuhren sie raus nach

Röntgental. Nach diesem Ereignis herrschte eine längere Funkstille in der Familie.

Der Vater brach das Schweigen, nachdem er sich beim Konservatorium nach den Erfolgen seine Tochter erkundigt hatte. Diese waren äußerst zufriedenstellend. Er genehmigte Trude, weiterzustudieren – trotz ihrer «beispiellosen Verlogenheit», damit sein Geld nicht umsonst ausgegeben worden sei. Trude dachte daraufhin: «Wieso sein Geld, es war doch meins!»[6], verkniff sich aber, es laut zu sagen.

Eines Tages gaben die Eltern von Trudes Freundin Suse eine Gesellschaft, zu der auch Trude eingeladen wurde. Sie war die Tischdame von Felix Hollaender (auch ein Onkel von Friedrich Hollaender), der sie allerdings keines Blickes würdigte. Da Fräulein Hesterberg nicht auf den Mund gefallen war, ergriff sie die Initiative und stellte sich ihrem Tischnachbarn vor. Er aber ignorierte sie weiterhin stoisch. Als sie dann allerdings mit seiner Nichte Suse *Hänsel und Gretel* an dem Abend aufführte, kam Hollaender gönnerhaft auf sie zu, und meinte, wohl etwas gut machen zu müssen. Er versprach ihr Karten für *Romeo und Julia* am Deutschen Theater; die ließen allerdings auf sich warten. Trude schrieb ihm daraufhin einen netten aber fordernden Brief, in dem sie ihn an sein Versprechen erinnerte. Kurz darauf kamen tatsächlich die Karten und ganz unerwartet eine Einladung zum Vorsprechen am Deutschen Theater.

Auf dem Weg zum Vorsprechen stieß sie auf dem Hof des Theaters mit einem jungen unscheinbaren Mann zusammen. Er lud sie spontan zu einem Eiskaffee ein. Trude tat ganz entrüstet: «Was bilden Sie sich denn eigentlich ein? Sie können mich doch nicht so mir nichts, dir nichts einladen! Dazu muss ich doch zunächst einmal wissen, wer Sie überhaupt sind! Stellen Sie sich also bitte vor!» Was der junge Mann etwas verlegen auch tat. «Ernst Lubitsch ist mein Name» – «Na wenn schon»[7], sagte Trude und ließ ihn stehen. Lubitsch wurde einer der größten Filmregisseure aller Zeiten in Hollywood. Er war nicht nachtragend und drehte mit Trude in der Hauptrolle 1918 den *Fall Rosentopf* – das war ihr erster Film. Lubitsch schrieb das Drehbuch, führte Regie und war ihr Filmpartner.

Am Deutschen Theater wurde sie aufgenommen und konnte recht schnell ihre ersten Erfolge feiern, u.a. neben dem großen Alexander Moissi. Ein Engagement dort war der Traum eines jeden Schauspielers, in der Regel brauchte man Jahre dazu, und es galt als das Allerhöchste, dort arbeiten zu dürfen.

Reinhardt wollte mit seinem Erfolgsstück *Venezianische Nächte* in London gastierten und Trude setzte Himmel und Hölle in Bewegung, um eine kleine Rolle zu ergattern, die sie auch bekam. Endlich raus aus dem Elternhaus und ein wenig die große weite Welt beschnuppern können! In London lebte sie etwas über ihren Verhältnissen und konnte nach dem Gastspiel ihre Rechnungen in der Pension nicht zahlen und musste, egal wie demütigend es für sie war, den Vater anschreiben und um Geld bitten. Das Geld kam mit einem Brief, der sie Böses ahnen ließ. In Berlin am Bahnhof holte sie keiner von der Familie ab, was für sie bedeutete, das nächstbeste Engagement anzunehmen, um weg von dem Vater zu kommen.

Das vermeintlich rettende Angebot kam aus Köln, und als Trude das im Deutschen Theater verkündete, zeigte man ihr fortan die eisige Schulter. So etwas war man hier nicht gewohnt, dass jemand so leichtsinnig eine Anstellung am bedeutendsten Theater Deutschlands für eine Schmiere kündigte.

Nach Köln folgte München, wo sie die zweite Besetzung vom damaligen Operetten- und Revuestar Fritzi Massary wurde. Von der großen Massary lernte sie viel, sie wurde ihr Vorbild. Endlich kam wieder ein Engagement in Berlin – vom Theater am Nollendorfplatz und wieder als die Zweitbesetzung der Massary. Gleichzeitig hatte sie Auftritte auf der größten Varietébühne Europas, dem berühmten Wintergarten in Berlin.

Während des Ersten Weltkrieges schlossen immer mehr Theater, so dass der noch nicht einmal 20-jährigen nichts weiter übrig blieb, als etwas Zirkusluft zu schnuppern. Sie machte ihre Manegenerfahrung beim Zirkus Renz in Wien. Sie sollte hoch zu Ross ihre Chansons singen, fiel aber leider immer wieder vom Rücken der Pferde, so dass sie eine Nummer mit Ponys einstudierte – das klappte besser.

Direkt nach dem Ersten Weltkrieg war es für Trude, wie für viele andere auch, eine recht brotlose Zeit. Sie war froh, im

Trude Hesterberg, um 1928

Café am Kurfürstendamm am Abend für 1,50 M auftreten zu können. Den damals noch unbekannten Werner Richard Heymann traf sie in einem Café, auch am Kurfürstendamm, und engagierte ihn als Klavier-Begleitung. Als Heymann einige Chansons für Trude komponiert hatte, füllten sich auf einmal merklich die Tische im Café. Rudolf Nelson erlebte Trude bei einer ihrer abendlichen Vorstellung und verpflichtete sie an sein Revue-Theater am Kurfürstendamm.

Bei Nelson traf Trude das Berliner Original aus dem Ruhrpott, Claire Waldoff. Beide verstanden sich prächtig und Claire überzeugte Trude, zum Kabarett zu gehen. Der jungen Hesterberg genügte es aber nicht, einfach nur auf der Bühne zu stehen, es sollten schon ihre eigenen Bühnenbretter sein. Mit viel Elan, noch mehr Ideen und Mut und geborgtem Geld eröffnete sie am 15. September 1921 mit gerade mal 24 Jahren die «Wilde Bühne» in der Kantstraße im Keller des Theater des Westens.

Sie war risikofreudig und innovativ wie kein Anderer und prägte dadurch das Berliner Bühnenleben ihrer Zeit. Sie war das Frl. Direktor und Regisseurin und Diseuse und Schauspielerin. Joachim Ringelnatz gehörte zur Stammbesetzung und schrieb für sie Balladen, Tucholsky schrieb und widmete ihr Chansons. Auch Erich Kästner und Walter Mehring steuerten satirische Texte bei. Friedrich Hollaender vertonte deren Wortsalven. Werner R. Heymann durfte natürlich auch nicht fehlen und gehörte als einer der ersten zur Stammbelegschaft.

Trude bewies schnell, dass sie ein gutes Näschen für junge Talente hatte, einmal in der Woche konnten junge Künstler auf ihrer Bühne zeigen, was sie konnten. So wurde Brecht von Walter Mehring im November 1921 mitgebracht und Trude ließ sich überreden, ihn öffentlich auftreten zu lassen. «Sind Sie überhaupt schon mal auf so einer Bühne aufgetreten? Es gibt bei uns nämlich keinen Souffleur! Was machen Sie also, wenn Sie stecken bleiben?» Brecht wich aus und meinte, nur einen kleinen Zettel am Bühnenhintergrund anpinnen zu wollen, das reiche schon. Sein erster Auftritt endete mit einem Tumult. Schon nach seiner ersten Ballade wollte so recht kein Gast applaudieren. Als er dann aber im zweiten Lied stecken blieb und nach hinten zu seinem Zettel schlich, hagelte es Pfiffe. Trude ließ geistesgegenwärtig den Vorhang fallen, Mehring ging auf die Bühne und sagte: «Meine Damen und Herren, das war eine große Blamage, aber nicht für den Dichter, sondern für Sie! Und Sie werden sich noch eines Tages rühmen, dass Sie dabei gewesen sind!»[8]

Eine junge Französin aus Konstantinopel fragte eines Tages, ob sie es auch einmal versuchen dürfe. Trude wollte wissen, ob sie denn auch ein Kostüm besäße, woraufhin die Französin knapp mit «Ja» antwortete, eine Zigarrenschachtel aufklappte, die sie unter ihrem Arm trug und sich das darin befindliche meterlange schwarze Seidenband um ihren gertenschlanken Körper wickelte. Sie präsentierte hier erstmals ihren «Striptease verkehrt». Margo Lion wurde ein Star auf den Berliner Bühnen, man nannte sie auch das «schwarze Fragezeichen». Auch La Jana, der spätere Filmstar, tat bei Trude Hesterberg ihre ersten Berliner Schritte, damals hieß sie noch Henriette Hiebel; und da sie so bezaubernd schön war, fiel es kaum auf, dass sie mit Talent nicht ganz so großzügig ausgestattet war. Gustav von Wangenheim begann hier ebenfalls seine Karriere.

Sollte es dennoch einmal geschehen, dass die Chefin sich nicht sicher mit einem Künstler war, fragte sie ihren Bühnenarbeiter Schäfer, der ein untrügliches Urteil hatte. Wenn er sagte «Det haut hin, gloob'n Se mir, Froll'n Direktor, ich hab ma dotjelacht»[9], kam die Nummer ins Programm.

Tucholsky, Siegfried Jacobsohn, Klabund und Heinrich Mann waren ständige Gäste. Letzterer schrieb für sie das Singspiel *Bibi*, aber auch privat kamen sich beide näher, allerdings erst Ende der 20er Jahre.

1923, auf dem Höhepunkt der Inflation, gab es erhebliche Probleme mit der Gagenzahlung und der Preisgestaltung. Täglich mussten die Preise neu berechnet werden, da die Gage am nächsten Tag die Hälfte ihres Wertes verloren hatte. Trude hatte eine einleuchtende wie geniale Idee. Man einigte sich, dass jeder nach seiner erbrachten Leistung als Gegenwert eine bestimmte Anzahl an Zuschauerplätzen bekam. So erhielten Mehring und Heymann 2 ½ der teuersten Plätze, die junge Interpretin Kathe Kühl bekam einen guten und einen schlechten Platz dazu usw.

Ringelnatz allerdings «forderte zu seinen Plätzen noch eine Flasche Wein und Schnaps, weil er sie für seinen Auftritt brauchte. Nicht, dass er sich betrank, aber ab und zu kippte er sich mal ein Glas hinter die Binde, und dann musste ich ihm aus der Kulisse heraus ein neues einschenken. Von unten hörte sich das lustig an. Ringelnatz sagte: ‹Und jetzt muss mir das p.p. Frl. Direktor vertraglich neu einschenken, eh ich weiterrede.›»[10]

Leider kam es im Herbst 1923 zu einem abrupten und unerwarteten Ende dieser Talentschmiede. Ein Ventilator wurde vergessen auszuschalten und lief sich in der Nacht heiß, am nächsten Tag lag die «Wilde Bühne» in Schutt und Asche.

Trude entschloss sich dann, es auch mal beim Stummfilm zu versuchen, immerhin verdiente man dort gutes Geld. Eine ihrer ersten großen Rollen war neben Emil Jannings in dem Film *Varieté* (1925), der im Varieté Wintergarten gedreht wurde.

Ihre Traumrolle war es von jeher, einmal die Künstlerin Fröhlich aus Heinrich Manns Roman *Professor Unrat* zu spielen. Heinrich Mann hatte bisher die Verfilmung seines Romans strikt abgelehnt. Da traf es sich prima, dass Trude bei Proben am Lessing-Theater Heinrich kennen lernte und der sie äußerst sympathisch fand. Trude hatte ihren Verehrer bald ganz für sich gewonnen, dass er ihr gestand: «Wenn Sie das spielen werden, ich könnte mir keine bessere Interpretin denken!» Am nächsten Tag traf sich Trude mit ihrer Kollegin Gussy Holl, die Frau von Emil Jannings, um den großen Schauspieler für das Thema zu gewinnen und schwärmte ihr von der Rolle als Fröhlich vor. Gussy meinte nur: «Ja, natürlich, wenn du das Wunder fertig bringst, dass Heinrich Mann das Buch für den Film freigibt, dann spielt er (Jannings) das mit dir!»[11]

Von da an ging alles sehr schnell. Heinrich Mann setzte sich nun voll und ganz für seine Trude ein. Carl Zuckmayer zauberte zusammen mit Karl Vollmöller aus dem Roman das Drehbuch zu *Der blaue Engel* (1930). Zuckmayer beschrieb Heinrichs Engagement als eine «unerfüllbare Marotte, dass nämlich Trude Hesterberg, Leiterin und Grande Vedette des Berliner Kabaretts Wilde Bühne – der er damals in einer von ihm offen und souverän zur Schau getragenen Hörigkeit anhing – die weibliche Hauptrolle spielen sollte, was er in unzähligen Botschaften mit seiner kleinen, korrekten Handschrift der UFA vorschlug.»[12] Als Josef von Sternberg von diesem Vorschlag hörte, bemerkte er kurz, sie hätte «die Circe nur in einer Blindenanstalt spielen können»[13]. Damit war für Sternberg das Thema erledigt.

Jannings brachte Trude und Heinrich Mann diese Katastrophe im Hotel Esplanade bei.

Auch Lucie Mannheim, die von dem Chef-Produzenten Erich Pommer in der Rolle der Lola favorisiert wurde, fand keine Gnade unter Sternbergs Augen. Nun trafen sich beide verschmähten Damen in Babelsberg - auch wenn man sich sonst nicht recht grün war, geteiltes Leid ist halbes Leid. Beide wollten sehen, wie die Neue, Marlene Dietrich, ihre ersten Lola-Szenen spielte. Lucie wandte sich zu Trude hinüber und flüsterte ihr ins Ohr: «Wenn ich nicht irre, ist heute der 1. April?» Trude gab zurück: «Du irrst dich nicht.» Daraufhin Lucie: «Wahrscheinlich nur deshalb kommt mir diese Dietrich wie ein Aprilscherz vor.»[14]

Trude spielte zwar noch Jahrzehnte in Kino- und TV-Filmen mit, aber eine so hoffnungsvolle Aussicht auf den internationalen Durchbruch sollte sich nie wieder für sie ergeben. In über 60 Filmen hat Trude mitgespielt, u.a. in *Ein blonder Traum* (1932) neben Lilian Harvey, *Alraune* (1952) neben Hilde Knef und Erich von Stroheim oder als Hexe in *Die Geschichte vom kleinen Muck* (1953).

Im Alter lebte sie in einem Meidlinger Gemeindebau in selbst gewählter Isolation.

Berlin-Charlottenburg, Kaiserdamm 111

Emil Jannings

Kaiserdamm 111 – Charlottenburg

Emil Jannings saß 1914 wie jeden Tag mittags im Café des Westens, bei den Berlinern nur «Café Größenwahn» genannt, und ließ sich zwei Eier im Glas mit viel, viel Brot schmecken. Der «rote Richard», der Kellner des Cafés, beobachtete den Hünen, wie er den Brotkorb leerte und einen weiteren anforderte. Als er den gewünschten zweiten Brotkorb brachte, fragte er Jannings: «Warum filmen Sie eigentlich nicht, wenn Sie Geld brauchen? Ihre Herren Kollegen tun es ja auch. Der kleine Lubitsch verdiene ja nicht schlecht!»[1] Emil überlegte nicht lange und ging zum Kintopp.

Nach kurzer Zeit schon dreht Jannings unter den großen Regisseuren seiner Zeit, wie Robert Wiene *Arme Eva* (1914) und Ernst Lubitsch *Wenn vier dasselbe tun* (1917). Mit den unter Lubitsch gedrehten Filmen *Madame Dubarry* (1919) und *Anna Boleyn* (1920) wurden Lubitsch, Jannings und seine Partnerin Pola Negri international bekannt.

Bei den Dreharbeiten von *Madame Dubarry* hatte der Requisiteur vergessen, für Jannings als Louis XV. das Pferd zu besorgen. Pola Negri, die aus Polen stammte, schlug in ihrem harten Akzent vor: «Vielleicht spielt Emil auch Pferd. Im Bordell er immer spielen Pferd, lässt sich reiten und von Huren mit Peitschen schlagen.» Lubitsch, der Jannings Vorlieben noch ein wenig besser kannte, sagte: «Geht nicht. Emil bellt dabei immer wie ein Hund. Und ein bellendes Pferd kann ich nicht gebrauchen.»[2]

Der internationale Erfolg machte sich auch an seinen Gagen bemerkbar, und er zog an den vornehmen Kaiserdamm.

Lubitsch und Negri folgten Anfang der 20er Jahre dem Ruf nach Hollywood, Jannings erst 1926. Bis dahin drehte er seine großen Stummfilmklassiker wie *Die Brüder Karamasoff* (1921) unter Carl Froelich oder F.W. Murnau: *Der letzte Mann* (1924), *Herr Tartüff (1926*) und *Faust* (1926). Emil Jannings gehörte neben Conrad Veidt und Werner Krauss zu den bedeutendsten Schauspielern der Weimarer Zeit.

Die letzten Filme waren international so erfolgreich, dass er 1926 zusammen mit seiner Frau Gussy Holl, ebenfalls Schauspielerin und bekannte Diseuse, nach Hollywood ging. Für Jannings war das Beste gerade gut genug. Mit seiner Größe und Korpulenz wollte er auch in Hollywood die beste Figur machen. Aber Jannings traute den Schneidern in seiner neuen Umgebung nicht. Die Paramount stellte ihm zwar die besten ihrer Zunft zur Verfügung, er ließ aber lieber eine lebensechte Puppe bei seinem Herrenschneider Knize&Co. in Berlin anfertigen und ließ sich weiterhin seine Anzüge maßangefertigt aus Berlin zusenden.

In den USA drehte er insgesamt sechs Filme in drei Jahren. Für *The Way of All Flesh* (1927) und *The Last Command* (1928), letzterer unter Josef von Sternberg, wurde er im Geburtsjahr des Oscars 1928 als erster Schauspieler zum «Besten Hauptdarsteller» gewählt. Seitdem erreichte dies übrigens kein weiterer deutscher Schauspieler.

Als 1929 in Hollywood der Tonfilm seinen Siegeszug begann, hätte Jannings Englisch lernen müssen. Aber er hatte nicht die Muße dazu. Er ging lieber zurück nach Berlin, bezog eine Villa im Grunewald und kaufte sich ein Gut in Strobl am Wolfgangsee. Im Gepäck hatte er einen Papagei, ein Geschenk der Garbo, mit der er sich in Hollywood angefreundet hatte. Der Papagei hieß «Mauritz» nach dem Garbo-Entdecker Mauritz Stiller. Der Vogel liebte es, in dritter Person zu sprechen, am liebsten bei Mahlzeiten. «Die Wurst schmeckt Emil gar nicht, Emil hat Lust auf Käseklöße», damit sprach das Federvieh seinem 1,92 m großen, zur Korpulenz neigendem Herrchen aus der Seele. Jannings Freund Carl Zuckmayer, der meist nur Zuck genannt wurde, gestand «von den Janningschen immer etwas überfressen heimzukehren».[3] Emils Gattin Gussy Holl verstand es, opulente Festmähler zu zaubern.

Carl Zuckmayer beschrieb seinen Freund als «eine rahmensprengende Figur, auf die, auch körperlich, normale menschli-

Emil Jannings in *Der Sonnenaufgang*, um 1930

che Maße nicht anlegbar waren. Er wirkte wie ein Renaissancefürst in seinem Castello – Geld bedeute für ihn Macht, und Macht hieß ihm Leben, nämlich aus dem vollen und mit voller Freiheit für das, was sein wirklicher Lebensinhalt war: die Hauptrolle.»[4]

Da Jannings das Prassen so sehr liebte, war es kein Wunder, dass er häufig strenge Diät halten musste, was ihm gar nicht gefiel. Das häufige Ab- und wieder Zunehmen führte dann zu

Gichtausbrüchen und Herzattacken. Er war bekannt dafür, dass er sich aufführte wie ein Großbörsianer, gepaart mit einem Großgrundbesitzer, und er liebte es, Obszönitäten in erlauchter Runde von sich zu geben, allerdings mit einer Grazie, «dass selbst wohlerzogene junge Mädchen nicht erröten brauchten».[5]

Seine erste Sprechrolle übernahm Jannings in *Der blaue Engel* (1930) als Star der Ufa neben der damals unbekannten Marlene Dietrich. Für diese Rolle erhielt er $ 50.000 Gage, Marlene lediglich $ 5.000. Sein Vermögen, immerhin ein rundes Sümmchen von gut 1.000.000 RM, verwahrte er in einer großen Eisenkassette unter seinem Bett auf. Emil hatte «Angst vorm Verhungern, wenn sein Jahreseinkommen einmal weniger als eine halbe Million beträgt.»[6] Er war aus Amerika als schwerreicher Mann zurückgekommen und legte sein Geld immer geschickt an. Steuerhinterziehung soll ein Hobby von ihm gewesen sein. Auf dem Salzburger Bahnhof fragte ihn ein Kollege einst, wohin er denn fahre, Jannings antwortete kurz: «Nach Zürich, an meinen Goldbarren riechen.»[7]

Gustav Fröhlich berichtet in seinen Memoiren, dass er bei den Jannings in Hollywood zu Gast war und Emils Esslust bewunderte und wie er von seinem liebsten Thema, neben der Schauspielerei, philosophierte, nämlich, wie man seine Gagen durch Spekulationen an der Börse verdoppelt. Bevor Emil in Hollywood ins Studio fuhr, gab er seinem Diener immer einen Zettel und sagte: «Det verkaufste – und det kaufste ooch!» Als die Deutschen Holland besetzten, munkelte man, dass in der Amsterdamer Amstelbank ein nicht gemeldetes Gold- und Devisenkonto von ihm mit mehren hunderttausend Reichsmark beschlagnahmt wurde. Nur durch enorme Schenkungen an die Wohlfahrtskassen der SS und nach Fürsprache von höchster Ebene kam er um eine Strafe herum.

Unter den Nazis machte Jannings erst so richtig Karriere. NSDAP-Mitglied ist er zwar nie gewesen, doch ließ er sich oft genug für die Nazipropaganda einspannen, u.a. für den Propagandafilm *Ohm Krüger* (1941). Einige Zeitgenossen sagten, er wurde mit dem falschen Versprechen von Goebbels geködert, einen unpolitischen historischen Film über den Freiheitskämpfer Ohm Krüger zu machen. Jannings erhielt die Zusage

Goebbels, am Drehbuch mitarbeiten zu können, allerdings ohne zu ahnen, dass Goebbels heimlich auch an einem Drehbuch zu Ohm Krüger arbeitete und dass für ihn von vornherein feststand, einen sehr politischen Film zu machen. Einige gedrehte Szenen aus Jannings Drehbuch sollten gar nicht erst in dem Film vorkommen. Es sollen in einem anderen Studio Szenen nachgedreht worden sein, von denen Jannings nichts wusste und die später in den fertigen Film hineingeschnitten wurden.

Anders dagegen Gustaf Gründgens, der musste von Goebbels gezwungen werden, in *Ohm Krüger* mitzuwirken, er verzichtete auf seine Gage und bestand darauf, dass sein Name nicht zu propagandistischen Zwecken in Zusammenhang mit dem Film benutzt werden durfte.

Klar ist aber auch, dass Jannings von der Selbstdarstellung der Nazis fasziniert war. Kollegen wie Gustav Knuth bezeichneten ihn schlicht als Nazi. Sein jüdischer Freund Carl Zuckmayer hatte schwere Auseinandersetzungen mit Jannings wegen dessen politischer «Kompromisse», allerdings warnte Jannings seinen Freund kurz vor der Annexion Österreichs, er solle fliehen.

Da Jannings immer wieder die Rolle des «Herrenmenschen» so überzeugend spielte, ist es kein Wunder, dass er Hitlers Lieblingsschauspieler war. Er wurde zum Staatsschauspieler ernannt, war Vorsitzender des Aufsichtsrates der Tobis und 1939 bot Hitler ihm die Oberleitung der Ufa sowie sämtlicher Filmgesellschaften an. Das wurde Emil dann allerdings doch zu brenzlig, und er zog sich aus Berlin «überarbeitet» an den Wolfgangsee zurück.

Hatte Jannings dann doch in Berlin zu tun, wohnte er meist im Hotel Adlon. Sobald er das Hotel betrat, wurde ihm bereits ein frisches «kühles Blondes» gezapft. Bei Bombenangriffen musste auch er in den hoteleigenen Bunker, ließ es sich dort aber an nichts fehlen. Eine Rotweinflasche mindestens begleitete ihn in den Bunker. Man munkelt, er habe während seiner Aufenthalte den halben Weinkeller leer gepichelt.

1945 stand er das letzte Mal vor der Kamera. Nach dem Krieg verhängten die Alliierten ein lebenslanges Arbeitsverbot über den Schauspieler.

 Berlin-Westend, Oldenburgallee 57 (zerstört)

Curd Jürgens

Oldenburgallee 57 – Westend

Curd Jürgens wurde in die Welt der High Society bereits hineingeboren – dort sollte er sich auch Zeit seines Lebens am wohlsten fühlen. Auf alles könne er verzichten, zitierte er Oscar Wilde, nur auf Luxus nicht.

Er war zehn Jahre alt, als seine Eltern nach Berlin zogen. Seine Vater baute eine exotische Villa in der Oldenburgallee im vornehmen Westend. Hier verbrachte er seine Jugend. «Der alte Herr hat seine Nostalgie für Turkestan hier Stein werden lassen. Die Villa könnte in Khokand, Samarkand oder Taschkent stehen. Doch im Garten wachsen Pappeln und Stachelbeeren, statt Hibiskus und Feigenbäume. Kein Fenster geht auf die Straße hinaus, wohl aber ist das flache Dach aus Glas. Hinten im Garten Flieder, Rosen, Jasmin und über dem Eingang, in der Farbe der Kalifen, der arabische Haussegen: *Bismillah rhaman rahim* – Im Namen Allahs, des Barmherzigen!»

Curds Schulfreunde nannten das Haus «Türkenvilla» und ärgerten ihn mit «Da könnt ihr das Fensterputzen sparen!»[1].

Curd ging im Westend auf das Herder-Reformgymnasium und meldete sich 1935 für die Schulaufführung von Bruno Franks Drama *Zwölftausend*. Hier konnte er das erste Mal einen Bösewicht mimen. In dem Stück gab es nur eine einzige weibliche Rolle. Diese übernahm die schöne Susanne, die von allen nur Susu genannt wurde. Im ganzen Stadtteil war sie das hübscheste weibliche Wesen. Alle Jungs träumten von ihr. Natürlich hatte auch Curd schon lange ein Auge auf sie geworfen. Die Aufführung wurde ein großer Erfolg und Curd gab seinem Herz einen Stoß, ging auf seine Partnerin zu und lud Susu in «Johnny's Nachtclub» am Kurfürstendamm ein. Es wurde eine lange romantische Nacht. Dabei wurden auch diverse Side-Cars vernichtet. Peinlich, Curd hatte zu wenig Geld dabei und musste sich den Rest von Susu borgen. Gleich am Montag wollte er es ihr zurückgeben. Curd brachte sie nach Hause zum Fürstenplatz und sie verabredeten sich für Montag um 14.30 Uhr vor ihrem Haus. Susu meinte noch, er solle den anderen nichts davon erzählen. Natürlich prahlte er in der Schule herum, mit dem begehrtesten Wesen der Gegend unterwegs gewesen zu sein und sie auch wiederzutreffen. «Um halb drei bin ich am Fürstenplatz. Um drei gehe ich in den Hof des Mehrfamilienhauses und linse hinauf zu den Fenstern. Um halb vier kommen mir merkwürdige Gedanken ... Plötzlich jagt ein röhrender Schatten um die Ecke, hält fauchend und Bremsen knirschend vor dem Hauseingang. Ein Mercedes SSK, mit dampfenden Kompressoren und schwarz glänzendem Verdeck. Die Tür springt auf, eine schmale Gestalt mit dunkler Baskenmütze huscht durch den Vorgarten und verschwindet im Haus. Die Kompressoren heulen auf, ... , als würde ein Geschoss auf mich abgefeuert und fort ist das Ungetüm.» Am nächsten Tag in der Schule erfuhr Curd von seinem Freund Karl-Günther, dass er am letzten Tag am Bahnhof Heerstraße gewesen sei, wo Willy Fritsch mit seinem Mercedes SSK stand und einen Massenauflauf verursacht hat. «Und wer, glaubste kommt angerannt? Dein Pfirsichärschlein, deine Rokoko-Susanne springt in die Mühle und tut, als sei der Willy ihr Chauffeur. Der knallt die Kompressoren rein, und ab geht's Richtung Teufelssee.»[2]

Vielleicht hat sich Curd damals ewige Rache an der Damenwelt geschworen, weil er ausgerechnet seine erste Liebe an einen Filmstar verlor. Immerhin brachte er es auf fünf Ehen und unzählige Affären. Und das, obwohl er mit 17 Jahren seine Zeugungsfähigkeit verloren hatte. Sein Schwager Herbert Friedenthal war Rennfahrer für die Auto-Union. Das AVUS Rennen hatte er gerade nicht so glücklich hinter sich gebracht, nichtsdestotrotz nervte Curd ihn, auch einmal mit dem Rennwagen fahren zu dürfen. Herbert holte den Wagen aus der Garage, setzte sich ans Steuer und Curd hintendrauf. Auf der Badenallee krachte es dann mächtig, und der Wagen war nur noch Kleinholz – die Rennwagen waren damals größtenteils aus Holz gebaut. Herbert kam mit ein paar Schrammen davon, aber Curd musste für ein Jahr ins Krankenhaus.

Als er endlich aus dem Krankenhaus heraus war und sein Abitur geschafft hatte, stellte sich die Frage nach einer Ausbildung. Sein Vater besorgte ihm ein Volontariat beim *8 Uhr Abendblatt*, dass ihn losschickte, um nach den Theatervorstellungen Prominente zu interviewen. Die Großen ignorierten ihn, aber Lulu Basler, die damals schon recht erfolgreich auf den Berliner Bühnen agierte, gab ihm ein Interview. Lulu begeisterte ihn für das Theater und von ihrer Person so sehr, dass er schon bald auf die Theaterbühne wechselte und vom Westend zu ihr in die Grunewalder Douglasstraße zog. Lulu wurde Ehefrau Nr. 1.

Beide gingen gern an freien Nachmittagen im Grunewald spazieren und konnten dort relativ ungestört turteln. Eines Tages in der Griegstraße, keine zwei Minuten zu Fuß von der Douglastraße entfernt, sah Curd seinen Traumwagen vor einer Villa stehen, einen Mercedes SSK Kompressor. Er ging um den Wagen herum, schaute sich alle Details genau an und ging, von dem Auto schwärmend, weiter. So einen Wagen gab es höchsten 20 Mal in Berlin. Auf einmal kam ein sportlich gekleideter Mann aus der Villa, sprang in das Traumgefährt und rauschte ab. Es war wieder Willy Fritsch, inzwischen mit einem neueren Modell als vier Jahre zuvor am Fürstenplatz. Der Willy und seine Autos – das wurmte Curd und er fragte daraufhin seine Lulu: «Glaubst du, dass er den Wagen von seiner Gage bezahlt hat?» Sie nickte nur: «Natürlich!»[3] Nun wollte auch Curd unbedingt zum Film. Seine erste Rolle spielte er 1935 als Kaiser Franz Josef in *Königswalzer*, nachdem Curd im selben Jahr gerade mit dem Theaterspielen angefangen hatte. Willi Forst hatte ihn entdeckt, als er gerade über den Hof in den Babelsberger Filmstudios ging.

1936/37 spielte Curd einige kleinere Rollen im Theater am Kurfürstendamm. 1938 wurde er ans Wiener Volkstheater engagiert, von dort gelang der Sprung zur Wiener Hofburg, wo er – mit Unterbrechungen – vierzig Jahre zum Ensemble gehörte.

Curd Jürgens war der große, blonde, blauäugige Draufgänger – privat und im Film. Wenn er erschien, war er sofort der Mittelpunkt. Brigitte Bardot nannte ihn, als sie mit ihm *Und immer lockt das Weib* (1956) drehte, einen «normannischen Kleiderschrank».

Die Frauen lagen ihm scharenweise zu Füßen. Nach Lulu Basler ehelichte er Judith Holzmeister, Eva Bartok, das Mannequin Simone Bicheron und zuletzt Margie Schmitz. Monogamie war ein Fremdwort für Curd. Manche sagen, dass er es liebte, sich mit zwei Frauen gleichzeitig zu amüsieren. Selbst war er dagegen brennend eifersüchtig. Eva Bartok konnte ein Lied davon singen. Curd besuchte sie bei den Dreharbeiten zu *Der rote Korsar* (1952), dort schlug er sie krankenhausreif, und die Dreharbeiten mussten für zehn Tage unterbrochen werden. In seiner Eifersucht meinte Curd, dass Eva etwas mit ihrem Filmpartner Burt Lancaster gehabt hätte, was aber nicht der Fall war, denn Lancaster sagte man nach, er stehe eher auf die italienische Fischerjungs.

Seine Eifersucht hinderte ihn nicht, selbst ständig fremd zu gehen. Geza von Cziffra schreibt, wie er von Curd als Alibi benutzt wurde. Beide wohnten nicht weit voneinander entfernt. Wenn Curd wieder einmal auf Abwegen war, bat er Geza, ihn vor seiner Frau Judith zu decken, zu Hause hatte er Drehbuchbesprechungen vorgeschoben. Geza drückte er einen Zettel mit einer Telefonnummer in die Hand und sagte: «Wenn Judith anruft, sage ihr, ich sitze auf dem Klo und rufe gleich zurück. Dann rufst du diese Nummer an und sagst mir Bescheid.»[4] Den Klotrick musste Geza mehrfach anwenden, allerdings immer mit anderen Telefonnummern. Als Curd zu den Salzburger Festspielen unterwegs war, fand Geza die letzte Telefonnummer in seinem Jackett und aus Neugier rief Geza selbst an – er hat es nie bereut.

1955 erlangte Jürgens internationalen Ruhm mit dem französischen Film *Die Helden sind müde* von Yves Ciampi. Überhaupt war das Jahr 1955 für Curd Jürgens mit Erfolgen gespickt, denn für die Darstellung des General Harras in Helmut Käutners Film *Des Teufels General* erhielt er in Venedig den Filmpreis «Goldener Löwe von San Marco». Es war die Verfilmung des gleichnamigen Bühnenstücks von Carl Zuckmayer, welches er im Exil schrieb, um seinen Freund, dem Flieger-Ass Ernst Udet ein literarisches Denkmal zu setzen.

Ein Jahr später spielte Curd den Lover von Brigitte Bardot in *Und immer lockt das Weib*, es folgten Filmerfolge mit *Michel*

Curd Jürgens, 1937

Strogoff (Der Kurier des Zaren, 1956) und *Katia* (1959) neben Romy Schneider oder als russischer Bösewicht in dem James-Bond-Film *Der Spion der mich liebte* (1977) mit Roger Moore.

Noch bis kurz vor seinem Tod stand Curd erfolgreich vor der Kamera und spielte in über 150 Spielfilmen mit. In Berlin war er nur noch zu Stippvisiten und wohnte dann immer im Hotel Kempinski.

 Berlin-Grunewald, Bettinastraße 12

Hildegard Knef

Bettinastraße 12 - Grunewald

Die Knef war, wenn sie auch nicht mit Spreewasser getauft wurde, doch eine Ur-Berlinerin. Mit knapp sechs Monaten kam sie mit ihrer gerade verwitweten Mutter nach Berlin. In der Bernhardstraße wuchs sie auf und da Muttern arbeiten musste, war sie genauso häufig bei den Großeltern in der Schöneberger Leberstraße anzutreffen. Den Großvater liebte sie über alles. In der Bernhardstraße entwickelte sie sich zum richtigen Raufbold, kloppte sich mit den Jungen aus der Nachbarschaft und spielte Fußball mit ihnen.

Mit 15 Jahren wurde Hilde während des Zweiten Weltkrieges dienstverpflichtet. Als sie sich beim Arbeitsamt Friedenau meldete, sah eine nette Dame Hildes Zeichenmappe unter ihrem Arm und verriet ihr, dass die Ufa ein Preisausschreiben für Zeichnerinnen veranstaltete. Hilde bewarb sich, bekam ein Stipendium und begann eine Ausbildung als Trickzeichnerin.

Kurz darauf wurde man für den Film auf Hilde aufmerksam. Ein Herr im Ledermantel kam in die Zeichenklasse, besah sich alle Anwesenden und wählte Hilde aus: «Sie sind morgen im Filmatelier der Werbeabteilung ... mit Badeanzug!»[1] Die Ufa suchte immer nach Nachwuchstalenten, dafür war Else Bongers zuständig. Sie entschied sich für Hilde, obwohl sie über sich selbst der Meinung war, dass sie aussähe, wie eine Mischung von einem Berliner Straßenjungen und einer Ente.

Es war eine Auszeichnung, in die Nachwuchsstudios der Ufa aufgenommen zu werden, nicht zuletzt musste der Propagandaminister seinen Segen dazu geben, denn für ihn war die «Nachwuchsfrage eines der entscheidenden Probleme unserer gesamten Filmpolitik»[2]. Goebbels entschied 1943 über Hilde: «Die ist nett. Jedoch muss die Nase operiert werden. Genehmigt für ein halbes Jahr. Dann neue Probeaufnahmen herstellen und mir die jetzigen vorlegen.»[3] Sie lernte sprechen, singen, tanzen, fechten, reiten – einfach das gesamte Rüstzeug für die Schauspielerei.

Bevor man für das Dritte Reich filmen durfte, wurde man auf Volk und Vaterland eingeschworen. Auch Hilde, ihre Mitschüler und Lehrer mussten dazu in der Reichsfilmkammer in der Schlüterstraße erscheinen. Man hörte sich gelangweilt den Sermon an und verduftete mit «Heil Hitler». 1944 drehte Hilde ihren ersten Film, *Träumerei*, allerdings wurden ihre Szenen herausgeschnitten.

Als die Bomben ihr Zuhause zerstört hatten, zog sie zu ihrem Freund Ewald von Demandowsky nach Dahlem, der in der Gelfertstraße eine Villa bewohnte. Die letzten zwei Kriegsjahre waren beide ein Paar. Der «Little Lord», wie man ihn nannte, war der erste Parteimann auf dem Chefsessel der Tobis-Film und ein überzeugter Nazi. Er war der engste Filmvertraute von Goebbels, dieser sagte selbst über ihn: «Er ist unter unseren Produktionschefs der eigentliche Nazi.»[4]

Demandowsky wurde 1945 zum Volkssturm eingezogen, zum letzten sinnlosen Aufbäumen des Dritten Reiches. Hilde heftete sich als Junge verkleidet an Demandowskys Fersen und konnte am eigenen Leibe die letzten Zuckungen der deutschen Armee miterleben. Zusammen mit Demandowsky kam sie in polnische Gefangenschaft. Mit Glück konnte sie aus dem Gefangenenlager entfliehen. Demandowsky sagte ihr noch, sie solle sich zu Victor de Kowa durchschlagen. Tagelang war sie unterwegs und kam abgekämpft im Wacholderweg in Berlin-Ruhleben an. Auf de Kowas Dach wehte eine japanische Flagge, denn er war mit einer Japanerin, ganz zum Unmut von Goebbels, verheiratet. Karl Schönböck und Günther Lüders waren auch schon bei de Kowa untergekommen. Nach drei Wochen zog Hilde bei ihrer Kollegin Hilde Körber ein.

Als de Kowa die «Tribüne» am Ku'damm als eine der ersten Bühnen nach dem Krieg wiedereröffnete, half Hilde das Theater, oder was davon übrig war, auszufegen und wieder notdürftig zu einer Spielstätte herzurichten. Hier stand sie nach dem Krieg erstmalig auf der Bühne, dann wurde sie von Boleslav Barlog ans Steglitzer Schlossparktheater geholt.

Die Premiere vom *Zum goldenen Acker* wäre im Schlossparktheater fast ins Wasser gefallen, da jemand nachts alle Stühle aus dem Zuschauerraum stibitzt hatte. Die Polizei fand die Stühle gerade noch rechtzeitig in einem Spandauer Kino, welches zwei Tage später eröffnet werden sollte. Stühle waren damals, wie alles, Mangelware. Als Eintritt brachten die Zuschauer Nägel mit, manche auch eine Presskohle. Dem Erfolg des Schlossparktheaters tat es keinen Abbruch, die Berliner waren dankbar für etwas Abwechslung. Gründgens kommentierte die erfolgreiche Arbeit des Schlossparktheaters mit nur einem Wort: «Konkurrenz!» – Das war der Ritterschlag. Den Meisterbrief bekam es durch Bertolt Brecht, der schrieb: «Ich habe seit Chaplin nicht mehr so gelacht.»

Hans Söhnker, der neben Hilde auf der Bühne stand und sie erstmals erlebte, kam zu Barlog und flüsterte: «Donnerwetter, die hat aber was auf dem Kasten.»[5]

Wolfgang Staudte, der für die DEFA gerade *Die Mörder sind unter uns* (1946) drehen wollte, entdeckte Hilde im Schlossparktheater. Allerdings gab es zwei Probleme: Sollte Staudte Hilde abwerben und seinem Freund Barlog die Besetzung kaputt machen? Außerdem lag Steglitz im West-Sektor Berlins, die DEFA aber in der Sowjetischen Besatzungszone. Man einigte sich; tagsüber durfte Hilde drehen und abends musste sie Theater spielen. Barlog persönlich verwendete sich für Hilde bei den amerikanischen Kulturoffizieren, damit sie die Erlaubnis bekam, im sowjetischen Sektor zu drehen. Das war Hildes erste Hauptrolle und ihr Durchbruch. Am 15. Oktober 1946, fand in Berlin die Uraufführung des ersten DEFA-Spielfilms *Die Mörder sind unter uns* statt. Es war der erste deutsche Nachkriegsfilm.

Während jener Zeit lernte Hilde ihren ersten Ehemann, den US-Filmoffizier Kurt Hirsch kennen, der aus der Tschechoslowakei stammte. Er war der Assistent von Erich Pommer, dem ehemaligen Ufa-Produzenten, der Deutschland wegen seiner jüdischen Herkunft 1933 verlassen hatte, obwohl Goebbels versuchte, ihn zu halten. Pommer hatte die Ufa zu einem Unternehmen mit Weltgeltung gemacht, Filme wie *Metropolis* oder *Der blaue Engel* hatte Pommer gestemmt. Er war nun für die

Amerikaner in Deutschland unterwegs, um den Wiederaufbau des deutschen Filmes zu kontrollieren. Allerdings setzten ihn der Amerikaner wieder ab, als er zu erfolgreich wurde, denn man wollte keine Konkurrenz zu Hollywood aufbauen. Pommer wurde ein kluger Berater für Hilde, auch wenn sie nicht immer auf ihn hörte.

Durch Kurt Hirsch bekam sie die US-Staatbürgerschaft und ging mit ihm 1947 für drei Jahre nach Amerika. Sie sprach in diversen Studios vor, aber eine Filmkarriere in Hollywood kam zunächst nicht zustande und Hilde war ganz froh, als Willi Forst sie für den Film *Die Sünderin* (1951) nach Deutschland zurückholte. Der Film wurde zum Skandal und blieb im Gedächtnis wegen einer belanglosen Nacktszene. Die Kirchen fühlten sich natürlich auf den Plan gerufen und protestierten. Mancherorts wurde die Aufführung des Filmes sogar verboten. Einige Pfarrer warfen auch Stinkbomben in die Kinos. Das erinnerte an die Methoden der Nazis 1931, als ein Nazitrupp unter Arnolt Bronnen zur Premiere des Antikriegsfilmes *Im Westen nichts Neues* Stinkbomben im Kinotheater am Nollendorfplatz warfen, um die Vorführung zu unterbrechen. Der Aufschrei der Kirchen machte den Film nur noch erfolgreicher.

Der nächste Film wurde bereits während der Dreharbeiten zur *Sünderin* geplant, diesmal eine Hollywood-Produktion. *Entscheidung vor Morgengrauen* (1951) wurde unter der Regie von Anatole Litvak in München gedreht. Hilde bändelte mit dem Regisseur an, der sie an Ewald von Demandowsky erinnerte und trennte sich von ihrem Kurt.

Erich Pommer holte sie in seinen Film *Nachts auf den Straßen* (1952) mit Hans Albers. Die Dreharbeiten begannen vier Wochen zu spät und nun drückte die nächste Produktion mit Tyrone Power in Hollywood, *Der Kurier nach Triest* (1952). Sie musste pünktlich in Amerika sein, um keine Konventionalstrafe zahlen zu müssen, aber dazu musste Pommers Film in drei Wochen, der Hälfte der geplanten Zeit, abgedreht werden.

Hans Albers, der Star des Filmes, sollte entscheiden, ob die Crew Tag und Nacht arbeiten sollte, damit Hilde den Termin halten konnte. Sie traf die Ufa-Legende in seiner Garderobe in Pantoffeln und Unterhemd an, in einer Hand zur Abwechslung

Hildegard Knef und Hans Albers in *Nachts auf den Straßen* (1952)

ein Glas Sekt statt des obligatorischen Cognacs, in der anderen eine Zigarre. Nachdem Hilde ihr Anliegen vorgebracht hatte, musste Albers' Garderobier erstmal etwas Hochprozentigeres öffnen. Hännschen hatte das Herz auf dem richtigen Fleck und willigte ein. «Du hast es vor dir, ich hab's bald hinter mir»[6], war sein Kommentar. In drei Wochen war der Film abgedreht. Das Drehteam lief mit dunkelrot geränderten Augen herum und war völlig am Ende – alles für «die Kleene».

In den USA drehte sie gleich noch *Schnee am Kilimandjaro* (1952), neben Gregory Peck und Ava Gardner. Ihre größte Herausforderung wurde allerdings der Broadway. Mit Cole Porters Musical *Silk Stockings* (Seidenstrümpfe) eroberte sie endgültig Amerika. *Silk Stockings* war eine Adaption von Ernst Lubitschs Filmklassiker *Ninotchka* (1939) mit Greta Garbo in der Hauptrolle. Den endlosen, kräftezehrenden Proben folgten erst noch die Provinzvorführungen und dann endlich: der Broadway!

Mutter Knef und Hardy Krüger kamen zur Premiere am 24. Februar 1955, sie saßen im Publikum und hielten die Daumen. Es wurde ein umwerfender Erfolg. Die Kritiker überschlugen sich, einer schrieb: «Die Neff schlüpfte in die Schuhe der Garbo und läuft mit ihnen davon.»[7] Man mutete den Amerikanern den Zungenbrecher KNEF nicht zu, und sie wurde kurzerhand NEFF genannt.

Ihre Freundin Marlene Dietrich, die damals in New York wohnte, unterstützte sie, wo sie konnte, ob bei den anstrengenden Proben oder wenn Ärger in der Luft lag mit den Noch-Schwiegereltern Hirsch. Marlene stellte Hilde ihre Limousine zur Verfügung und bekochte sie – wie alle ihre Freunde. Von Marlene übernahm Hilde den Astrologen Carrol Reighter, der von nun an ihr ständiger Berater wurde. Nach der Premiere von *Silk Stockings* schickte Marlene ihrer Freundin das doppeldeutige Telegramm: «I kiss your opening.»[8]

Am Broadway entwickelte sie eine eigene Art Sprechgesang, mit dessen Unverwechselbarkeit sie später ihre zweite Karriere startete. Heimweh und Überarbeitung ließen Hilde nach 675 Vorstellungen die Zelte am Broadway abbrechen und nach Europa zurückkehren. Sie drehte Filme in England, Frankreich, Italien und Deutschland bis Mitte der 60er Jahre. In dieser Zeit der großen Filmerfolge verdruckte die schreibende Zunft in Deutschland mehr Druckerschwärze für sie als für jeden anderen Star. Mit dem Erfolg kamen auch die Werbeverträge, z.B. warb sie für «Luxor-Toilettenseife» und Lippenstifte.

Anfang der 60er trat David Cameron, «Tonyo», wie sie ihn liebevoll nannte, in ihr Leben. Sie hatten sich bei Dreharbeiten in London kennen gelernt. Er war noch verheiratet, und Hilde wurde als Ehebrecherin in der Presse beschimpft. Die Turteltauben ließen sich in ihrem Glück nicht stören und schmiedeten Heiratspläne. Aber bevor die Hochzeitsglocken 1962 läuten konnten, mussten einige behördliche Hürden genommen werden. Die Genehmigungen zur Trauung waren ein Problem, denn Hilde war ja offiziell immer noch Amerikanerin, David Brite, und beide wollten in Deutschland heiraten. Über eventuelle Probleme hatten sich die Brautleute gar keine Gedanken gemacht, und es gab ein riesiges Tohuwabohu. Ihr Trauzeuge war bereits angekommen. Es war Marlenes Astrologe aus L.A., den sie extra hat einfliegen lassen. Er half ihr über allen mentalen Stress hinweg, da nach seinen Berechnungen alles zum Besten stand. Er sollte Recht behalten, letztlich klappte alles, und Hilde heiratete den gut aussehenden, fünf Jahre jüngeren britischen Regisseur in Percha am Starnberger See.

David Cameron war nach der Scheidung von seiner ersten Ehefrau ein armer Mann. Hilde war ebenfalls von Geldsorgen geplagt, wie eigentlich fast immer, und sie konnten sich aussuchen, ob sie lieber den Strom oder das Telefon abstellen wollten. Das Telefon wurde abgestellt und alles Wertvolle versetzt. Mit dem letzten Geld fuhren sie nach Tanger und spielten im Casino Roulette. Von dem Gewinn konnten sie immerhin zwei Monate leben.

Dann begann Hilde ihre ersten Texte selber zu schreiben: «Ich konnte eine Nacht nicht schlafen und fing an zu schreiben, das erste Mal meine eigenen Texte. Da fing es an zu rollen, von da an, und wurde zu 350 Texten in der Zwischenzeit. Was immer mich inspiriert hatte, ich weiß es nicht», beschrieb Hilde ihre Text-Anfänge im Hotel Gerhus, dem heutigen Schlosshotel im Grunewald. Ihre zweite Kariere hatte Hilde als Songautorin und Chansonsängerin selbst in die Hand genommen. David unterstützte sie nach Kräften und managte seine Frau. Ihr erster Hit in den deutschen Verkaufscharts war 1963 *Aber schön war es doch. Eins und eins das macht zwei* folgte ein Jahr später und *Für mich soll's rote Rosen regnen* wurde der Knef-Song schlechthin – und ihr Markenzeichen. Ihre große Kollegin Ella Fitzgerald sagte über Hilde, sie sei «die weltgrößte Sängerin ohne Stimme». Ihre rauchig verruchte Stimme war einzigartig. Nun gab es auch wieder neue Einnahmequellen, und man kaufte eine Mühle im Salzkammergut, deren Ausbau ein Vermögen verschlungen hat.

Mit 43 Jahren wurde Hildegard 1968 das erste Mal Mutter! Das gab viel Stoff für die deutsche Klatschpresse und sicher auch für viele Kaffeekränzchen. Für die Knef allerdings war Tochter Christina eine erfreuliche Aufgabe, an der ihr ganzes Herz hing. Auch wenn «Tinta» von Geburt an eine Hüftbehinderung hatte. Nun wurde Familie Knef im deutschen Blätterwald zur prominenten Vorzeige-Familie. Unzählige Homestories mit Tochter Tinta beim Skifahren in den Alpen, oder immer wieder in ihrer Mühle, wurden gedruckt.

Ihre dritte Karriere startete Hildegard als Buch-Autorin. 1970 legte sie mit ihrem *Geschenkten Gaul* gleich einen riesigen Erfolg hin. Die Lebensgeschichte der Knef interessierte so viele Menschen, dass sie auf eine lange Verbeugungstournee durch Deutschland ging. Durch den großen Erfolg im deutschsprachigem Raum ermutigt, übersetzte ihr «Playboy-Husband», wie sie David gerne nannte, ihren *Geschenkten Gaul* ins Englische, und Hilde eroberte Amerika ein zweites Mal, nun als Autorin. Übersetzungen in fünfzehn weitere Sprachen folgten, millionenfach fand das Buch Abnehmer – ein Bestseller!

Wie sich die Geldkonten erholten, stiegen auch wieder die Ansprüche. Man reiste gerne und stieg natürlich nur in luxuriösen Herbergen ab. Auch leistete sich das Paar gerne die neuesten Modelle der gehobenen Automarken.

Das zweite Buch, *Das Urteil*, folgte, eine detaillierte Beschreibung ihrer Brustkrebsoperation und eine persönliche Auseinandersetzung und Abrechnung mit der Krankheit und ihren Ärzten, den Göttern in Weiß. 56 Operationen hatte die Knef bis zur Veröffentlichung des neuen Werkes überstanden. Das Buch sorgte wieder einmal für Furore, wurde aber kein solcher Erfolg wie ihr Erstlingswerk.

Nachdem *Das Urteil* herauskam ging im gleichen Jahr nach dreizehn Jahren die Ehe Cameron-Knef auseinander. Das war sicher kein Wunder, denn Hilde ging in ihrem Buch mit David zu Gericht, und das in einer Art und Weise, die wohl keiner Beziehung gut tun würde. Sie hatte es offensichtlich nicht gern, wenn er ihr widersprach. Er hatte in der zweiten Reihe zu

Hildegard Knef, Berlin-Besuch 1957

stehen, als Chauffeur, Manager, Gärtner, Finanzberater und Begleitservice. Dass er einst seine Karriere als Regisseur für seine Frau aufgegeben hatte, zählte nun nicht mehr.

Sie ging zurück nach Berlin und zog zunächst ins Hotel Kempinski. Sie bewohnte mit ihrer Tochter und einer Vertrauten eine Suite im 11. Stock, Nr. 1148/1150. Ein normal sterblicher Gast hätte täglich 600 DM dafür berappen müssen – Hilde logierte, ohne einen Pfennig zu zahlen. Sie war mit dem Chef des Hauses, Rudolf Münster, befreundet. Curd Jürgens sagte zum Kempi-Chef damals: «Das Kempinski müsste eigentlich Knefpinski heißen»[9], da sich alles um die Diva drehen würde, wenn sie im Hause weilte. Bei den Angestellten war sie nicht gerade beliebt, da sie keinen Pfennig Trinkgeld gab, im Gegensatz dazu nicht mit Sonderwünschen geizte. Als «Mr. Knef» sie besuchte, kam es zu einem lautstarken Krach zwischen beiden. Er soll ihr eine misslungene finanzielle Transaktion gebeichtet haben. Daraufhin wurde er vom Chef des Hauses persönlich mit seinen vier grünen Lederkoffern vor die Tür gesetzt. Das Ende der Ehe wurde natürlich von fetten Schlagzeilen begleitet. Hilde erhielt daraufhin sogar Morddrohungen.

Bei Sorgen half Hilde schon immer am besten viel Arbeit, auch musste Geld verdient werden. Sie veröffentlichte Bücher mit ihren Liedertexten und ihren bereits gegebenen Interviews, das Niveau sank am tiefsten mit *Nichts als Neugier - Interviews zur Parapsychologie*. Sie machte Werbung für die Berliner Commerzbank als ihre besten Geldberater. Die Berliner dachten zuerst, das sei ein Witz oder die Konkurrenz habe diese Anzeigen geschaltet.

Hilde räumte 1976 die mit David Cameron gemeinsam umgebaute und eingerichtete Mühle aus und zog in die Clausewitzstraße. Die Kosten allein für den Umzug - 24.000 DM. Sie bewohnte eine Zehn-Zimmer-Wohnung im dritten Stock und freute sich über die günstige Miete. Der Grund dafür war, dass sie in ein ehemaliges Bordell, in die «Pension Clausewitz» gezogen war. Sie war der Meinung, wenn früher die Freude in diesen Räumen wohnte, solle sich nichts daran ändern.

Beim Umzug nach Berlin half der junge Paul von Schell. Er machte seine Sache so gut, dass er gleich mit einzog. Kurz darauf wurde er der dritte «Herr Knef».

Als Hildegard Knef die Chance bekam in die Fallada-Verfilmung *Jeder stirbt für sich allein* mitzuspielen, warf sie sich mit ihrer ganzen Kraft in die Arbeit und feierte damit endlich ein Comeback vor der Kamera. Man schrieb das Jahr 1975. Ein schauspielerisches Glanzlicht setzte die Knef in Billy Wilders Film *Fedora* (1978), in dem sie als alternder Hollywoodstar zu sehen ist. Wilder wollte Marlene für diese Rolle gewinnen, die aber lehnte ab und empfahl ihre Freundin Hildegard.

Ende der 70er Jahre zog die Familie Knef in den Grunewald, in die Bettinastraße, und richtete sich in der beschaulichen Straße neu ein.

Eine große Tournee war 1980/81 durch die deutschsprachigen Länder in Planung. Hilde legte sich, um dafür schön zu sein, wiederholt unter das Chirurgenmesser. Drei Monate ging sie mit ihren blauen Flecken und frischen Narben nicht vor die Tür, nicht einmal dem Briefträger traute sie, er hätte ja eine Kamera dabei haben können. Aber dann öffnete sie ihre Tore für die Klatschpresse. Diese ließen darüber abstimmen, ob die Knef nun besser oder schlechter als zuvor aussah. Die Meinungen waren gemischt, von «sie sieht toll aus», «größter Respekt» bis zu «das macht man nicht». Ihre Tournee wurde eine riesige Pleite. «Wir mussten die Tournee mit 250.000 Mark aus eigener Kasse stützen, weil sich der Manager mit einem Star wie Hilde total übernommen hatte. Bei 70 Konzerten hat sie nur zweimal ihre Gage bekommen»[10], bekannte ihr Mann später.

Nach diesem Verlust war es kein Wunder, dass sie ihre Miete von 4000 DM monatlich nicht mehr zahlen konnte. Die Familie musste wegen Mietschulden aus der Grunewald-Villa raus und zog 1982 nach Hollywood, um 1989 wieder nach Berlin zurückzukehren. Hilde versuchte nochmals ihr Glück mit dem autobiografischen Musical *Für mich soll's rote Rosen regnen*, welches im Varieté Wintergarten Premiere hatte und 1994 mit mäßigem Erfolg aufgenommen wurde.

Langsam wurde es ruhiger um «die Knef». Die Hochzeit ihrer Tochter ließ es noch einmal im Blätterwald der Klatschpresse rauschen. Zum Schluss gewannen ihre Krankheiten die Oberhand. Die letzten Jahre saß sie meist im Rollstuhl. Nach einer Notoperation musste ihr Mitte 2001 ein Teil der Lunge entfernt werden, von nun an war ein Sauerstoffgerät ihr ständiger Begleiter. Sie starb am 1. Februar 2002 im Alter von 76 Jahren in «ihrer» Stadt Berlin. Rote Rosen begleiteten ihren letzten Weg.

Berlin-Westend, Lindenallee 27

Gustav Knuth

Lindenallee 27 – Westend

Gustav Knuth hatte bei den Heidelberger Festspielen 1936 allen Grund, mit seinen Kollegen zu feiern. Zum einen den Erfolg in *Amphitrion* mit ihm in der Hauptrolle, zum anderen das Engagement an die Berliner Volksbühne, wohin ihn Eugen Klöpfer, der Leiter der Bühne, für die nächste Saison geholt hatte.

Gustaf Gründgens stieß zu den angesäuselten Kollegen, «und nun geschah das Überraschende. Gründgens gesellte sich nicht zu uns, er ging betont uninteressiert an uns vorbei, blieb dann stehen, klopfte mir auf die Schultern und sagte: ‹Darf ich mal kurz stören ... Sie kennen doch Ehmi Bessel?›» Das war eine befreundete Hamburger Kollegin von Gustav und er bejahte. Gründgens darauf: «Dann möchte ich bitten, ihr etwas auszurichten», und zu den anderen : «Seid nicht böse, wenn ich euch den Knuth für einen Augenblick entführe.» Außer Hörweite fragte er dann: «Was machen Sie denn nächstes Jahr?»[1]

Gustav entschied sich für Gründgens und spielte von 1937 an am Preußischen Staatstheater. Im Westend, in der Lindenallee, fand er bis 1945 sein Zuhause. Knuth blieb vor allem der Bühne treu. Er bezeichnete sich selbst als Schauspieler, der nie in der ersten Reihe stand. In seiner Berliner Zeit waren die bekanntesten Filme *Heimweh* (1937), *Das Lied der Wüste* (1939) mit Zarah Leander, *Große Freiheit Nr. 7* (1944), *Unter den Brücken* (1945).

Eines Tages besuchte ihn sein Chef in der Garderobe, dieser sagte nur «Tag, Tag» und schaute sich in Knuths Garderobe genauestens um, sagte kein Sterbenswörtchen. Langsam wurde es Knuth unheimlich und er dachte schon, dass der Gründgens jetzt völlig übergeschnappt sei. Dann allerdings zeigte dieser auf einen bestimmten Punkt, nickte dorthin und verließ die Garderobe. Nun schaute auch Gustav genauer hin und entdeckte eine Wanze, die von der Gestapo eingebaut worden war. Man wollte seine Garderobengespräche abhören. Von nun an waren Gründgens und Knuth auch privat eng befreundet.

Gustav Knuth war ein sehr beliebter Kollege, und da er gleich an der Flaniermeile des Westends wohnte, schaute man gerne auf eine Erfrischung und ein Schwätzchen bei Gustav und Gattin vorbei. Obwohl zum Kriegsende auch bei den Stars Schmalhans ein häufiger Gast war und selbst die Prominenz auf Lebensmittelmarken einkaufte, für die es meistens nur noch Ersatzstoffe gab, statt echtem Kaffee oder echter Butter. Die Knuths führten weiterhin ein gastfreundliches Haus. Wenn sie auf dem Schwarzmarkt erfolgreich waren, wurde brüderlich geteilt. Gustav hatte im November 1944 Glück auf dem Schwarzmarkt und konnte seiner Frau das «grandioseste Geschenk» zu ihrem Geburtstag machen – ein Pfund Bohnenkaffee. «Der Preis für dieses Luxusgut vom Schwarzmarkt? 2000 RM!» Ein Kollege kam kurz darauf zu Besuch und sinnierte über seiner dampfenden Tasse: «Junge, Junge, wie macht ihr das bloß? Wenn ich mir diesen Muckefuck braue, schmeckt er immer so grässlich, dass ich ihn kaum runterkriege!» Daraufhin schlug Gustav die Hände über seinem Kopf zusammen und sprudelte los: «Du Idiot – das ist B O H N E N - Kaffee!!!»[2]

Knuth hatte einen recht guten Draht zum Schwarzmarkt und sein «Kauf aller Käufe» war während des Krieges ein ausgeschlachteter Hammel. Das Tier musste so schnell wie möglich verputzt werden, denn damals gab es noch keine Gefrierschränke. Gustav benachrichtigte alle Freunde, das Telefon funktionierte glücklicherweise noch. Auch seinen Freund Hans Brausewetter rief er an, der ein paar Tage zuvor eine Verabredung mit ihm vergessen hatte. «Brausi» wollte sich ständig entschuldigen, und Gustav wollte ihm vom Hammel erzählen und dass er Fleisch für ihn hätte. In jenen Zeiten war es aber zu gefährlich offen am Telefon zu reden, man wusste ja nie ... «Tag Hans!» – «Gustav, entschuldige bitte, dass ich nicht gekommen bin!» – «Lass man! Aber ich will dir was sagen: Du bist ein Hammel!» – «Ich weiß, ich habe einen Fehler gemacht. Ich gebe es zu ...» – «Hans hör zu: Du bist ein HAMMEL!» – «Nun mach mal Schluss. Ich hab' mich entschuldigt. Lass uns von was anderem reden!» – «Ich bleibe dabei. Du bist ein HAMMEL!» – «Nun gut,

Gustav Knuth mit Zarah Leander in *Das Lied der Wüste* (1939)

du bist also sauer. Da kann ich auch nichts machen!» – «Hans, nun hör mal gut zu: Ich bleibe noch immer dabei – ein fetter, wunderbarer HAMMEL bist du!» Nun fiel bei Brausi der Groschen, er sagte: «Gustav, ich komme sofort» und hängte ein.[3]

Ein enger Freund Gustavs war der ruhige Kollege Joachim Gottschalk. Sie lernten sich bei den Dreharbeiten zu *Das Mädchen von Fanö* (1941) kennen. Mutig bewies sich Gustav als wahrer Freund von «Joschi». Gottschalk war mit der jüdischen Schauspielerin Meta Wolf verheiratet, sie hatten einen gemeinsamen Sohn. Für Goebbels war er ein Dorn im Auge, da «dieser Gottschalk jede Nacht Rassenschande begeht».[4] Gemeinsam mit Brigitte Horney bedrängte Gustav ihn, das Land solange es noch ging Richtung Schweiz zu verlassen. Gottschalk aber glaubte felsenfest, dass die Nazis sich in ganz Europa ausbreiten würden, wo sollte dann die Familie hin? Als Gottschalk seine Frau zu einer Filmpremiere mitnahm, obwohl Kinos für Juden verboten waren, brachte das das Fass zum Überlaufen. Er sollte sich scheiden lassen, ansonsten würde Goebbels ihn an die Ostfront schicken und Frau wie Sohn deportieren lassen. Joschi lehnte strikt ab. Nun bekam er keine Filmrollen mehr. Knuth ging zu Gründgens, dass er Gottschalk an sein Staatstheater hole, da er seinen Künstlern den größten Schutz vor dem Zugriff der Nazis bieten könne, denn er war Hermann Göring und nicht Goebbels unterstellt. Der kümmerte sich sofort, bekam ihn aber nicht frei für seine Bühne. Nun sah Gottschalk für sich und seine Familie nur den Ausweg, aus dem Leben zu scheiden, wenn sie nicht gewaltsam getrennt werden wollten.

Gottschalks letzter Besuch galt seinem Freund Gustav. Am nächsten Tag, als Jochen nicht zur Probe an der Volksbühne erschien, bat man René Deltgen, der in unmittelbarer Nachbarschaft der Gottschalks wohnte, bei der Familie vorbeizuschauen. Er fand die Familie nur tot vor.

Gustav sorgte für ein gemeinsames Familiengrab auf dem Stahnsdorfer Friedhof. Aus Angst, es könne zu Sympathiebekundungen der Fans kommen, wurde der Tod in der Presse nicht bekannt gegeben, auch seine Filme wurden nicht verboten.

Am Tage der Bestattung inspizierte Goebbels die UFA-Ateliers in Babelsberg, er hatte angeordnet, dass alle Schauspieler in den Ateliers anwesend zu sein hätten, damit niemand die Familie auf ihrem letzten Weg begleite. Einige wenige mutige Freunde gaben der Familie Gottschalk trotzdem die letzte Ehre, obwohl sie wussten, dass sie von der SS beobachtet wurden und mit Repressalien zu rechnen hatten. Neben Gustav Knuth kamen René Deltgen, Brigitte Horney, Hans Brausewetter, Wolfgang Liebeneiner, dessen Ehefrau sowie Gottschalks

Bruder, Generaloberst der Wehrmacht, der am nächsten Tag unehrenhaft aus dem Dienst entlassen wurde.

Anfang 1945 sagte ein Kollege zu Knuth, dass er seine Möbel vor den anrückenden Russen in Sicherheit bringen werde, wenn Gustav wolle, könne er ihm ein paar Möbelstücke mitgeben, er habe noch Platz. Nach langem Hin und Her gab Gustav ihm drei wertvolle Stücke mit. Das waren die einzigen Stücke, die er aus seiner Berliner Wohnung wiedersehen sollte. Sie wurde zwar nicht zerstört, aber beschlagnahmt und geplündert.

Gustav Knuth verließ mit seiner Frau zwei Wochen vor Kriegsende Berlin Richtung Hamburg. Gustaf Gründgens, der kurz darauf ausgebombt wurde, zog in die Wohnung seines Freundes. Dort holten die Russen Gründgens direkt nach deren Einmarsch ab. Da Gründgens Generalintendant am Staatstheater war, stand in seinem Pass General Int., was im Englischen für Intelligence steht. Der russische Dolmetscher meinte fälschlicherweise, einen zweiten Admiral Canaris erwischt zu haben. Es dauerte gut neun Monate bis Gründgens wieder frei kam.

Kurz nach Kriegsende kam Gustav noch einmal in die Lindenallee. In Hamburg hatte er einen britischen Offizier kennen gelernt, der ihn mitnahm. Unterwegs gab er ihm eine britische Uniform, damit Gustav überhaupt nach Berlin hineinkam. Als sie vor Gustavs Wohnung standen, erkannte der Hausmeister Gustav, bedauerte aber, ihn nicht in seine Wohnung lassen zu können, da sie von den Briten konfisziert war. Gustavs Begleitung verschaffte ihm Zutritt. «Tja, und dann stand ich als ein Fremder in meinen eigenen vier Wänden. Mitnehmen konnte ich natürlich nichts. Das heißt, ich ‹klaute› ein paar von meinen Büchern. Das war alles. Meinem englischen Helfer schenkte ich zum Dank ein makabres Souvenir, über das er sich königlich freute: Hitlers ‹Mein Kampf›.»[5]

Aus Hamburg wurde Gustav Knuth nach Zürich engagiert. Die Schweiz, vom Krieg verschont, überwältigte Knuth dermaßen, dass er dort blieb und Schweizer Staatsbürger wurde.

Seine größten Erfolge im Film feierte er nach der Berliner Zeit, u.a. als «Papili» in den drei *Sissi*-Filmen (1955, 1956, 1957), in *Ich denke oft an Piroschka* (1955) und in der TV-Serie *Alle meine Tiere* (1962).

 Berlin-Grunewald, Wildpfad 24 (abgerissen Ende Februar 2005)

Zarah Leander

Wildpfad 24 – Grunewald

Die Ufa brauchte Mitte der dreißiger Jahre einen neuen weiblichen Star, der auch international zu vermarkten war – eine deutsche Greta Garbo. Natürlich hätte man am liebsten Marlene Dietrich zurückgeholt, die man 1930 so einfach hatte ziehen lassen, ohne die Ufa-Option auf Vertragsverlängerung zu nutzen. Nun tat es der deutschen Filmindustrie Leid, sie nicht gehalten zu haben, vor allem aber dem Reichspropagandaminister Goebbels. Er hätte es zu gern gesehen, wenn Marlene «heim ins Reich» gekommen wäre, und ließ nichts unversucht, aber sie schlug alle Angebote von Hitler und Goebbels aus. Wer könnte nun die «Leading Lady» des deutschen Filmes werden?

In Wien feierte gerade eine Schwedin einen riesigen Erfolg im Theater an der Wien mit der Operette *Axel an der Himmelstür*. Das war der Durchbruch für Zarah Leander und es folgte ein Engagement für ihren ersten deutschsprachigen Film, den österreichischen Krimi *Premiere* (1936). Hollywood, London und die Ufa klopften nun bei ihr an die Tür. Für die Ufa kündigte sich der Vizepräsident der Reichsfilmkammer, Hans-Jakob Weidemann, zum Treffen in einem Wiener Caféhaus an. Die fast schon 30-jährige Zarah und Max Hansen, der sie nach Wien geholt hatte, warteten auf den großen Mann aus Berlin. Aber er schien nicht zu kommen. Hatte es sich die Ufa anders überlegt? Zarah und Hansen wollten gerade gehen, als ein junger Mann an den Tisch trat und sich vorstellte. Es war Weidemann. Die beiden Wartenden hätten ihn fast übersehen, da sie sich einen älteren Herrn auf einem so wichtigen Posten vorgestellt hatten.

Weidemann war Feuer und Flamme von Zarah und handelte gleich einen Vorvertrag für drei Filme aus. Zur Unterschrift kam Ernst Hugo Corell, der Produktionschef der Ufa persönlich, um seinen neuen Star in Augenschein zu nehmen. Dies geschah allerdings ohne Rückendeckung von Goebbels. Der war zunächst gar nicht begeistert davon, ausgerechnet eine Schwedin zum neuen deutschen Filmstar aufzubauen. Als wäre im Reich keine deutsche Garbo zu finden! Außerdem hätte er gehört, sie sei viel zu füllig, zu groß, habe unzählige Sommersprossen und – Zarah Leander – welch undeutscher Name.

Zarah, die schnell an Heimweh litt, entschied sich damals für Berlin aus reinen Entfernungsgründen: «Lieber London als Hollywood, lieber Berlin als London.»[1] Außerdem gab es einen Direktflug Berlin-Stockholm, denn Mann und Kinder warteten noch zu Hause, und somit bekam die Ufa den Zuschlag. Vielleicht verweigerte sie Hollywood auch die Zustimmung, da die Produzenten forderten, dass sie auf dem Weg dorthin zehn bis fünfzehn Pfund hätte abspecken müssen!

Die Ufa ließ sich auf einen für sie ungewöhnlichen Vertrag ein. Die Universum Film AG zahlte ihr 200.000 RM für drei Filme. Zuletzt erhielt sie eine Jahresgage von 400.000 RM. Zarah ließ sich 53 Prozent in Schwedischen Kronen auszahlen, da sie dem 1000-jährigen Reich keinen so langen Bestand zutraute. Zudem hatte sie sich ein Mitspracherecht bei der Auswahl der Drehbücher gesichert.

Die Leander wurde nun nicht einfach als Filmsternchen aufgebaut, sondern als «Der Ufa-Star». In Babelsberg war man zunächst von ihrer Größe von 1,77 Meter und ihrer Wuchtigkeit überrascht. Und waren ihre roten Haare echt? Die Haare waren echt. In ihrer Kindheit wurde sie deswegen häufig gehänselt. Alles musste für sie extra angefertigt werden. Und wieso trug sie eine Brille? Ein Star kann keine Brille tragen, auch wenn er kurzsichtig ist. Ein Filmstar hat keine Makel zu haben. Aber wie sollte die kurzsichtige Zarah ohne Brille zurechtkommen? Auch dafür fand die Ufa eine Lösung. Nachdem sie die Erlaubnis erhielt, sich in der Öffentlichkeit zu zeigen – ganz recht, sie benötigte dazu eine Genehmigung (!) – erhielt sie zwei außergewöhnlich elegante Herren an ihre Seite, beides Statisten, die ihr zuflüsterten: «Bitte langsam jetzt. Niedrige Stufe. Links: älterer Herr zieht den Hut – vielleicht liebenswürdige Verneigung? ... Rechts winken ein paar Kinder mit schwedischen Fähnchen. Nein, mehr rechts, das ist ein Briefkasten! ... Jetzt:

roter Teppich, zehn Meter geradeaus. Am Ende steht der Gastgeber. Er sieht herüber. ... Madame, Ihr Lächeln nach links ist überflüssig. Nein, es ist nur eine Marmorsäule. Hat die ganze Zeit dagestanden. Doch, doch!»[2] So, jetzt aber ein Glas Sekt und hinsetzen, das hatte sich Zarah redlich verdient. Einer ihrer Begleiter hatte dann immer Wodka in der Tasche und mixte gleich ein belebendes Getränk. Ihre starke Kurzsichtigkeit war der Grund für ihren berühmten Schmachtblick in die Ferne.

Die ersten drei Filme, *Zu neuen Ufern* (1937), *La Habanera* (1937) und *Heimat* (1938), waren so erfolgreich, dass die Ufa die Option auf Verlängerung des Vertrages nutzte.

Nach dem dritten erfolgreichen Leander-Film, kam auch Goebbels aus seiner Schmollecke und schickte ihr Rosen nach Babelsberg. Durch die Chefetage der Ufa ging ein hörbares Aufatmen. Sie wurde sofort ins Ministerbüro chauffiert, wo der «Filmminister» bereits auf den Star wartete. Goebbels machte Konversation und wunderte sich, warum die Diva so schweigsam war. Als er nach dem Grund fragte, antwortete sie: «Ich habe keine Lust, mich auf Tonbändern verewigt zu wissen.» Sie hatte nämlich durch einen schwedischen Journalisten erfahren, dass Goebbels für ihn wichtige Gespräche aufzeichnen konnte und dafür unter seinem Schreibtisch eine Fernbedienung angebracht war. Als Zarah sich ihres Lapsus bewusst wurde, bekam sie Magengrummeln, was ihrer Schlagfertigkeit aber keinen Abbruch tat, sie sagte einfach unverfroren: «Ich würde mir gerne diese Knöpfe unter ihrem Schreibtisch ansehen, mit denen sie die Abhörgeräte bedienen.» Über so viel Frechheit war selbst Goebbels sprachlos. Er sagte sehr bestimmt: «Ich habe noch nie einer so frechen Person gegenüber gesessen.» Zarah soll geantwortet haben: «Ganz meinerseits, Herr Minister.»[3]

Es folgte eine «private Einladung familiären Charakters» von Goebbels, zu der ein kleiner Kreis von Kollegen geladen war. Zarah musste dann auf Schwanenwerder feststellen, dass sie der einzige Gast in der Ministervilla war. Alles war hergerichtet wie im kitschigsten Film: flackerndes Kerzenlicht, Blumen, Seidenkissen, Chopin-Musik lief im Hintergrund, Champagnerflaschen standen im Eiskübel und Kristallgläser auf dem Tisch.

Zarah ließ sich ihre Verwunderung nicht anmerken und gestand, Hunger zu haben. Als die belegten Brote endlich kamen, war es mit der inszenierten Stimmung vorbei, und man unterhielt sich den Rest des Abends über das Filmgeschäft. Der Minister war allerdings enttäuscht, dass er diesen Abend nicht erfolgreich war und sagte: «Ihr Name, Frau Leander, kommt mir doch ein wenig jüdisch vor. Zarah?» Zarah gab kurz zurück: «Und ihr Name, Herr Minister? Joseph?!» Beide lachten.[4]

Nach dem Zweiten Weltkrieg wurde Zarah gefragt, was denn an dem Gerücht einer Liaison mit Goebbels dran sei, Zarah antwortete: «Ich konnte den Hinkefuß nicht riechen. Außerdem war ich in Michael Jary verliebt. Allerdings, einmal malte ich mir aus, wie es wäre, wenn ich, aus welchen Gründen auch immer, zu ihm ins Bett steigen müsste. Ich dachte mir, ich würde mich mit meinem ganzen Gewicht auf den Gnom legen, bis er erstickt.»[5]

Zarah war nun der unbestrittene «Star» der Ufa, nichts durfte dem Zufall überlassen werden, schon gar nicht die Garderobe des Stars! Bevor Zarah auf Promotiontour für einen ihrer Filme ging, kam eine Dame der Ufa-Kostümabteilung zu ihr in den Wildpfad und durchstöberte den Kleiderschrank der Diva. Kurz vor Beginn der Promotiontour kam die Dame wieder, mit einem kompletten Set Reisekleidung inklusive Koffern und Handtaschen samt Inhalt. Dazu bekam sie einen Aktenorder überreicht, der einem Versandhaus Ehre gemacht hätte, und in diesem Monstrum war alles haargenau aufgelistet, was zu welchem Essen, zum 5-Uhr-Tee oder zur Gala getragen werden musste. Alles war numeriert: die Broschen, Schuhe, Strümpfe, Pelze, einfach alles, damit auch ja nichts verwechselt werden konnte. Zarah war von der deutschen Gründlichkeit etwas amüsiert.

Hegte Zarah doch einmal den Wunsch, einkaufen zu gehen, wurde auch das von der Ufa arrangiert. Der Besitzer des betreffenden Geschäftes sollte schließlich seine ganze Aufmerksamkeit allein dem Star schenken, und man wollte Massenaufläufe verhindern: «Guten Tag, hier ist die Werbeabteilung der Ufa. Frau Leander möchte bei Ihnen einkaufen. Wenn Ihnen daran liegt, seien Sie bitte so freundlich, um 15 Uhr ihr Geschäft zu

Zarah Leander, um 1940

schließen.»[6] Das Leben eines Stars konnte manchmal schon schwer sein.

Schauspielerkollege Gustav Knuth, den Zarah sehr schätzte, wie auch umgekehrt, beschrieb sie als «... Traum von Millionen. Mit Recht! Es hieße Smörrebrod nach Schweden tragen, wollte ich lange darüber reden, wie wundervoll sie aussah und welche ungeheure Ausstrahlung sie hatte und was für ein kollegialer Partner sie war. Eine ganz starke Persönlichkeit, ein wundervoller Mensch. Und sie lachte so gern! Jeder, der diese Frau persönlich kennenlernen durfte, war fasziniert».[7]

«Was für eine Frau! Sie konnte es im Zechen mit den stärksten Männern aufnehmen. Dabei blieb sie aber immer charmant und zauberhaft. Zarah war eine unerhörte Gastgeberin. Die Feste in ihrer Villa genossen einen legendären Ruf. Während der Dreharbeiten für *Das Lied der Wüste* (1939) genoss auch ich das Privileg, ihr Gast zu sein. In fröhlicher Runde feierten wir dann bis in den frühen Morgen. Wenn wir schon alle völlig bedient in den Sesseln hingen, lachte Zarah: ‹Na, was ist denn mit euch los? Ihr trinkt ja gar nicht! Pokern wir jetzt noch ein bisschen?›»[8] Das Pokern war ihre Leidenschaft, gerne auch mit höheren Einsätzen, und für ein gutes Spiel ging sie manches Risiko ein, denn Glücksspiel war unter den Nazis verboten. Gustav lernte das Pokern bei ihr, was ihn einiges Lehrgeld kostete.

Zarah hatte allerdings noch ein Laster, sie liebte das schwedische Nationalgetränk Wodka, was sich auch auf ihre ohnehin schon nicht gerade zierliche Figur auswirkte. So musste sie vor jedem Film streng Diät halten. Trotzdem wurde sie nie ein zierliches Persönchen. Leider verpasste Zarah den richtigen Zeitpunkt, um vor dem Dreh von *Die große Liebe* (1942) rechtzeitig mit der Diät zu beginnen. Um sie aber zierlich erscheinen zu lassen, musste die Ufa sich schon mal absonderlicher Methoden bedienen. Man fragte die Leibstandarte von Hitler an und diese rückte tatsächlich aus, um sich in Revuekleider zu werfen und neben dem Star zu stehen, damit Zarah in der Revueszene entsprechend fragil aussah. Sollte man den Film *Die große Liebe* sehen, lohnt sich ein Extrablick auf die «Revuegirls».

Zarahs Freundin Grethe Weiser meinte zu ihr: «Versuch es doch einmal mit Weißwein oder noch besser Weißweinschorle, das macht nicht so dick!» Die kleine zierliche Grethe hatte natürlich gut Reden, sie konnte futtern, was sie wollte und nahm kein Gramm zu. Sie war eine der wenigen Kolleginnen, die bei Zarah im Wildpfad ein und aus gingen.

In ihrer prachtvollen Villa feierte sie mit Freunden und Kollegen, ausschließlich Männern, ihre berühmten «schwedischen Sonnabende». Sie wusste genau, warum sie keine Damen ins Haus lud, denn: «Warum soll ich mir die Konkurrenz ins Haus holen!» Bei Hering, Kartoffeln und viel Wodka gingen die Parties von Samstagnachmittag bis Sonntagabend. Sie schmückte ihre braun getäfelte Halle mit einem riesigen Blumenarrangement, das ihr jeden Samstag Punkt 12 Uhr von der UFA angeliefert wurde. In der Halle stand ein Kamin aus Klinkersteinen unter diversen Jagdtrophäen, allerdings nicht ihren, denn die Villa war von ihr nur gemietet worden. Hier liebte sie es zu sitzen und dabei Jazzmusik zu hören, die ja eigentlich verboten war, oder sie studierte ihre Rollen ein.

Sie lebte in ihrer traumhaften weißen Bankiersvilla im Grunewald von Februar 1937 bis Anfang 1941. Von dort ließ sie sich in ihrem langen mattgelben Horch in die UFA-Ateliers nach Babelsberg fahren.

In der Villa feierte Zarah, die inzwischen von den Berlinern auch «Klara Zylinder» gerufen wurde, am 15. März 1939 ihren 32. Geburtstag. Goebbels ließ sich nicht lumpen und erschien persönlich, wie auch Ludwig Klitzsch, der Generaldirektor der Ufa. Goebbels war überhaupt nicht erfreut, als er den entlassenen Ufa-Produktionschef Ernst Hugo Corell sah, der u.a. auch wegen Lida Baarova gefeuert wurde. Zarah verdankte Corell ihren Vertrag und schätzte ihn als Gentleman, der jeder Person, mit der er sprach, das Gefühl gab, die wichtigste Person der Welt zu sein. Auch ihre Freundin Grethe Weiser erschien, die Kollegen Viktor Staal, Willy Birgel – dem sie jegliche Form von Humor absprach und eine tödliche Aura zusprach, sowie der Regisseur Rolf Hansen und viele andere Größen des Films. Zwei Meter große livrierte Diener sorgten dafür, dass kein Wunsch offen blieb.

Ihr Gatte und ihr Bruder hatten sich kurz zuvor auf die Suche nach einem Anwesen gemacht, welches alle Wünsche von Zarah erfüllen würde. An diesem Geburtstag machten sie sie zur Herrin eines Schlosses mit 40 Zimmern auf Lönö am Strand des Bravik an der Ostsee in ihrer Heimat Schweden mit 60.000 qm Land (doppelt so groß wie Helgoland). In ihrer Freude erzählte sie es ihren Gästen, Goebbels war darüber nicht sonderlich begeistert und verabschiedete sich recht schnell.

Anfang 1941 zog Zarah nach der Premiere von *Das Herz der Königin* ein paar Straßen weiter, in ein flaches Haus in der Max-Eyth-Straße.

Goebbels bot ihr 1942 die deutsche Staatsbürgerschaft an, dazu sollte sie ein Landgut in Ostpreußen erhalten. Die Leander sollte sich endlich ganz zum Dritten Reich bekennen. Aber Zarah lehnte dankend ab, was dem Filmminister gar nicht schmeckte. Ihr wurde schlagartig klar, dass sie jetzt so elegant wie möglich Deutschland verlassen musste. Die Dreharbeiten zu *Damals* (1943), ihrem letzten Film vor Kriegsende, waren schon im Gange. Wie konnte sie aber mit all den angehäuften kostbaren Möbeln entwischen? Sie heckte einen Plan aus, der recht pikant war. Ein Freund brachte sie auf die Idee, den Reichsbankpräsidenten und Wirtschaftsminister Walther Funk zu einem geselligen Abend einzuladen. Zur eigenen Überraschung sagte dieser auch zu. Einmal in Zarahs schönen Händen, überredete sie ihn zum Wodka trinken, verbunden mit einer Wette. Zarah erzählte, dass in Schweden alle Frauen Wodka trinken würden und danach ihre Männer nach Hause tragen müssten, da die Frauen mehr vertragen würden als ihre männlichen besseren Hälften. Das wollte Funk nicht recht glauben und ließ sich auf eine Wette ein. Wer gewinnen würde, hätte einen Wunsch frei. Die trinkfeste Zarah schaffte es recht schnell, den großen Finanzbeamten unter den Tisch zu trinken. Am nächsten Tag erschien sie in seinem Büro, um die Wette einzulösen. Sie erhielt prompt eine Ausfuhrgenehmigung und konnte so zwei Eisenbahnwaggons voll mit ihren Möbeln und Wertgegenständen Richtung Lönö schicken.

Um ihre Absichten, Deutschland zu verlassen, zu vertuschen, begann sie, sich für den Kauf des gemieteten Flachbaus in der Max-Eyth-Straße zu interessieren. Wie immer nach Ende von Dreharbeiten reiste sie nach Hause und kam im März 1943 zur Premiere von *Damals* ein letztes Mal vor Kriegsende nach Berlin. Offiziell «wollte» Zarah auch den Kaufvertrag über 250.000 RM für das Haus unterschreiben. Kurz vor Unterzeichnung des Kaufvertrages schlug eine Brandbombe in ihr künftiges Haus ein und es war nur noch ein Trümmerhaufen. Der Kauf hatte sich nun von selbst erledigt.

Zunächst kam sie bei ihrem Kollegen Viktor Staal unter, bis sie zurück auf ihr Anwesen in Schweden ging. Sie wurde damit bei der Ufa vertragsbrüchig.

In Schweden versuchte sie als Künstlerin Fuß zu fassen, aber ihre Landsleute boykottierten sie, da sie für die Nazis gearbeitet hatte. Immerhin warf ihr Gut soviel Ertrag ab, dass sie und ihre Familie sehr gut davon leben konnten. Sie führte ihr Gut zeitweise auch als Hotel mit immerhin vierzig Betten. Erst 1948 konnte sie wieder auftreten und kam auch nach Deutschland auf Tournee.

Zarah Leander drehte nur zehn Filme für die Ufa. Mit diesen Filmen war sie aber berühmter als Kollegen mit über 200 Filmen. Da sie in ihren Filmen fast immer Ausländerinnen verkörperte, gab sie den eingeschlossenen Deutschen Nahrung für ihre Sehnsüchte und Träume.

Ihre Lieder wurden in mehreren Sprachen aufgenommen und sind zu Evergreens geworden, die immer wieder neu interpretiert wurden und werden. Sie hatte Hits mit *Kann denn Liebe Sünde sein*, mit *Ich weiß, es wird einmal ein Wunder geschehn* oder *Davon geht die Welt nicht unter*. Ihre Filme sind heute lange nicht mehr so populär wie ihre Musik.

Ab 1950 drehte sie zwar noch ein paar Filme in Deutschland, die allesamt nicht an ihre früheren Erfolge heranreichten.

1949 kam sie während einer Konzert-Tournee mit Michael Jary zum ersten Mal wieder nach Berlin zurück und beehrte die Stadt ihrer größten Erfolge von nun an fast jedes Jahr. Ihr letztes Berliner Konzert gab sie 1978 im Theater des Westens.

Besonders viele Fans hatte Zarah in der Schwulengemeinde. Sie besuchte häufig die Berliner Tuntenbälle und wurde dort zur «Tuntenpräsidentin» gekrönt, bis heute wird sie in der Szene abgöttisch geliebt.

1981 verstarb Zarah in einem Krankenhaus in Stockholm, sie hatte einen Hirnschlag erlitten und mit Sprachschwierigkeiten die letzten beiden Jahre im Rollstuhl verbracht.

 Berlin-Wilmersdorf, Schaperstraße 19

Hans Moser

Schaperstraße 19 – Wilmersdorf

Hans Moser, der eigentlich Johann Julier hieß, war nicht gerade ein junger Hüpfer, als er die Bretter, die die Welt bedeuten, erfolgreich eroberte. Er hatte sich jahrelang auf kleinen Schmieren durchgeschlagen, spielte beim Varieté und im Zirkus, bis er schließlich mit 43 Jahren auf seinen ersten Erfolg anstoßen konnte – in seiner späteren Paraderolle als Dienstmann im Wiener Ronacher.

Robert Stolz hatte den kleinen, untersetzten, aber ungeheuer fidelen Schauspieler an die Revue empfohlen. Max Reinhardt wurde auf ihn aufmerksam, denn wie Moser konnte keiner einen kleinen Schreiberling, Kellner oder überhaupt den kleinen Mann verkörpern. Der Theatermagier holte ihn an das Theater in der Josefstadt, und kurz darauf nahm er ihn mit nach Berlin an sein Deutsches Theater – er spielte den Garderobier eines großen Stars in dem Stück *Broadway*. Moser war nun schon 46 Jahre alt.

Obwohl ihn die Berliner kaum verstanden – er nuschelte ja unentwegt in seinem Wiener Dialekt und verschluckte dabei die Hälfte, umjubelten die Zuschauer den kleinen Mann. Seine Gestik war so komisch, dass sie nicht anders konnten, als ihn zu lieben.

Auch die Filmleute in Babelsberg wurden auf ihn aufmerksam und besetzten ihn in dem Tonfilm *Liebling der Götter* (1930). Emil Jannings spielte einen berühmten Sänger und Moser, wie konnte es anders sein, den Garderobier. Von nun an spielte er eigentlich immer wieder dieselbe Rolle, die des kleinen Mannes – oft als raunzender Nörgler oder wichtigtuender Diener in Amtsstuben. Obwohl ihm alles misslang und er zumeist auf der Verliererseite stand, strapazierte er die Lachmuskeln seines Publikums.

Wenn seine Karriere auch bis 1930 schleppend verlaufen war, so holte er nun mit Riesenschritten auf. Da er so beliebt war, drehte er bis 1945 allein 69 Filmen und war schnell in die Liga der Spitzenverdiener beim Film aufgestiegen. Trotz seiner enormen Einnahmen blieb Hans Moser ein sparsamer Mensch. Wahrscheinlich lag es an seiner Herkunft, er stammte aus bettelarmen Verhältnissen. Die Kollegen erzählten viele Geschichten über die Knausrigkeit von Moser, mancher sagte aber auch, dass Frau Moser der eigentliche Geizkragen sei und er, wenn Moser alleine unterwegs war, sehr wohl zu Leben wusste.

Immerhin zog er nach dem Erfolg von *Leise flehen meine Lieder* (1933) von der Trautenaustraße in Wilmersdorf in eine noblere Wohnung des Stadtbezirkes, in die Schaperstraße. Auch ein hübscher neuer BMW stand vor der Wohnung. Mit seinen Freunden Paul Hörbiger und Theo Lingen war er des Öfteren in den Kneipen rund um den Fasaneplatz zu sehen.

Nach Dreharbeiten lud Moser seinen Kollegen Gunther Phillip zu sich nach Hause ein und fragte ihn: «Was is, magst ein Schligo (Sliowitz)?» – «Ja, gern.» Moser kramte ein Schlüsselbund umständlich aus seiner Hosentasche hervor und schloss ein Wandkästchen in seinem Wohnzimmer auf, worin der edle Tropfen aufbewahrt wurde. Er goss Phillip einen winzigen fingerhutgroßen Schnaps ins Glas. Phillip schaute verwundert zu seinem Gastgeber auf, der rechtfertigte sich: «Weißt', i kann dös net leiden, wenn die Leut a Glaserl bis zum Rand voll machen.»[1]

Der Regisseur Franz Antel war mit Moser auf einem Außendreh, die Kollegen saßen stets alle zusammen beim Frühstück. Täglich zur gleichen Zeit konnten sie beobachten, wie Moser aus seinem Zimmer im ersten Stock kam – im Morgenrock, das Handtuch über der Schulter, ging er die Treppe hinunter und verschwand in der Toilette. Alle rätselten tagelang, ob er, um die Hotelspesen niedrig zu halten, ein Zimmer ohne Waschgelegenheit hätte. Aber es stellte sich heraus, alle Zimmer hatten eine Waschgelegenheit. Gunther Phillip ging ihm eines Tages hinterher. Es kam heraus, dass er um seine private Seife zu sparen, die Hotelseife zur Morgenwäsche benutzte. Ein anderer hätte die Seife vielleicht aufs Zimmer mitgenommen. Bei Moser hörte aber die Sparsamkeit auf, wo die Unredlichkeit begann.

Hans Moser, um 1943

1937 benötigte Hans Moser eine Sondergenehmigung, um weiter filmen zu dürfen, denn er war seit 1911 mit Blanca, einer Jüdin, verheiratet. Sie waren gezwungen, sich zu trennen, da sie nach Budapest ausgewiesen wurde. Für viele seiner Kollegen war es unverständlich, dass er gerade zu dieser Zeit in dem Propagandafilm *Mein Sohn, der Herr Minister* (1937) mitspielte.

Moser trug von nun an bei Dreharbeiten immer ein Aktenköfferchen mit sich. «Das Köfferchen, von dem er sich nie trennt, enthält außer Pass und Dokumenten immerhin 10.000 M in 100 Mark-Scheinen. ... Er lebt in Todesangst, dass Hitler, der ihn oft zur Gaudi seiner Umgebung nachäfft, einmal nicht mehr über ihn lachen könnte», erzählte Curd Jürgens.[2]

Grethe Weiser verhalf Mosers Frau in der Nazi-Zeit dazu, dass Bianca kein ›J‹ in ihren Pass gestempelt bekam. Das erzählte die Weiser bei ihrem Entnazifizierungsverfahren in Berlin. Nach 1945 lebte er wieder mit seiner Frau zusammen.

Axel von Ambesser erzählt davon, wie Moser bettlägerig im Krankenhaus weilte. Die Kollegen erfuhren mit Schrecken, dass er in der 3. Klasse in einem Saal mit 14 Betten lag, weil seine Sparsucht ihm ein Einzelzimmer verbot. «Die Kollegen wollten zusammenlegen für ein besseres Zimmer, aber sein Freund Paul Hörbiger lehnte ab, da er ihn besser kannte: ‹Er würde in einem Einzelzimmer Angst bekommen! Lasst ihn, wo er sich sicher fühlt, wo er unter Seinesgleichen ist. Er ist zwar ein genialer Künstler, aber ein kleiner Mann.»[3]

Auch nach dem Krieg blieb er seinem Rollenfach treu und lief besonders neben Theo Lingen zur Hochform auf. Über 70 Filme folgten noch, Moser ging auf Tournee und gehörte ab 1954 dem Wiener Burgtheater an. Mit 72 Jahren spielte er zum ersten Mal an diesem Theater seiner Heimatstadt. Mit dem Lied *Hallo Dienstmann* aus dem gleichnamigen Film (1952), den er zusammen mit seinem Freund Paul Hörbiger drehte, setzte er sich ein musikalisches wie filmisches Denkmal.

1944 hatte Moser Berlin bereits in Richtung Heimat verlassen, später kam er nur noch selten in die geteilte Stadt.

Programmheft des Progreß-Filmvertriebs, 1952

Berlin-Charlottenburg, Fasanenstraße 69

Asta Nielsen

Fasanenstraße 69 – Charlottenburg

Die Nielsen gehörte neben Henny Porten und Pola Negri zu dem großen Dreiergestirn des deutschen Stummfilms.

Seit 1910 stand Asta Nielsen vor der Kamera und war gleich mit ihrem Erstlingswerk *Afgrunden* (Abgründe) international überraschend sehr erfolgreich. Nachdem in Dänemark trotz ihres weltweiten Erfolges niemand der Nielsen eine adäquate Rolle anbot, entschloss sie sich mit ihrem Regisseur Urban Gad das Angebot der Berliner Bioscop-Gesellschaft über zwei Filme anzunehmen. Ihre erste deutsche Produktion *Heißes Blut* (1911) war in den Augen der kaiserlichen Zensur so anrüchig, dass man den Film vorübergehend wegen «offenherziger Ehebruchszenen» verboten hatte. Nach erneuter Bearbeitung wurde der Film schließlich freigegeben und wurde sehr erfolgreich, wie auch der zweite Film *Nachtfalter* (1911).

Nun begann das Rennen der Produzenten um das Duo Asta Nielsen und Urban Gad. Der *Cinegraph* schrieb: «Dem Gewinner winken ‹garantiert› Profit versprechende Filme.» Der mitbietende Produzent Paul Davidson sagte damals: «Ein Geschäft für die Welt.» Die Projektions-AG Union, kurz PAGU, gewann und schloss einen Exklusivvertag mit Asta Nielsen und Gad über 24 Filme innerhalb der nächsten drei Jahre ab. Man ließ dem Duo weitgehend freie Hand.

In Berlin drehten die Nielsen und Gad die meisten ihrer Stummfilme. Das erfolgreiche Filmduo heiratete 1912. Nielsens Filme waren so erfolgreich, dass sie bald in die erste Garde der internationalen Filmstars aufstieg. Man verglich sie damals mit Charlie Chaplin. Asta Nielsen wurde die «Duse des Films» genannt (nach Eleonore Duse, der großen Tragödin). Man kannte sie in New York genauso wie in Moskau, in Kapstadt wie in Hongkong.

Diesen Erfolg wusste sie auch als Geschäftsfrau bestens zu nutzen. Wie heutige Pop- oder Tennisstars brachte sie schon damals ihr eigenes Asta Nielsen-Parfüm in Deutschland heraus. «Eigenartig – berauschend» bewarb sie das Duftwässerchen in der Zeitschrift *Die Dame*. In Großbritannien gab es die Asta Nielsen-Zigaretten und in Frankreich Asta Nielsen-Champagner, es gab Asta Nielsen-Hüte, -Korsette und -Federboas.

Die große Nielsen förderte auch junge Talente. So entdeckte sie zum Beispiel den jungen Bruno Kastner, der sein Debüt in dem Film *Engelein* (1914) neben der Nielsen hatte – ein riesiger Erfolg für die Nielsen, wie man folgender Kritik entnehmen kann: «Asta Nielsen ‹zieht› nach wie vor. Man drängt sich wie bei Hungersnot an Bäckertüren und bricht um ein Billett sich fast die Hälse. Dabei gibt es zahlreiche Leute, die den Film zwei- und dreimal kurz hintereinander ansehen und immer wieder entzückt sind.»[1] Für Bruno Kastner war *Engelein* der große Durchbruch, er drehte gleich noch zwei weitere Filme in dem Jahr neben Asta Nielsen. Kastner galt als bildschön aber relativ talentfrei, was dem Erfolg bei der Damenwelt keinen Abbruch tat. Kollegen nannten ihn geringschätzig «Kleiderbügel» oder «Chlorodontreklame», da er sich für Zahnpastawerbung hergegeben hatte. Das galt damals noch als verpönt, genauso wie man nicht zum Film ging, wenn man ein Theaterengagement hatte. Für ihre Protegierung erhoffte Asta sich etwas mehr als nur Dankbarkeit und Freundschaft.

Eines Nachts erhielt die Nielsen von einem Bekannten einen Anruf. Er teilte ihr mit, dass Bruno gerade mit einem Revuegirl in seiner Wohnung im Grunewald verschwunden war. Ohne mit der Wimper zu zucken griff die Nielsen zum Telfonhörer und rief die Feuerwehr an. Sie stellte sich hustend und röchelnd, dem Ersticken nahe. Die Feuerwehr raste los, nicht zu Asta sondern natürlich in die Wohnung von Bruno und «rettete» ihn und das Revuegirl aus dem Bett.

Auch im verbalen Schlagabtausch standen die damaligen Stars den heutigen in Nichts nach. Über ihre Konkurrentin sagte die Nielsen einst: «Nach der Kuh Henny Porten könnte man nur eine Milchsorte benennen.» Die Porten, nicht auf den Mund gefallen, konterte darauf: «Sie ist ja nur eifersüchtig auf meinen Busen. Sie hat nämlich keinen. Sie sieht aus, wie eine Flunder.»[2] Heute würde man dies als Zickenkrieg bezeichnen.

Während die Porten das Mütterliche verkörperte, stand die zierliche, aber rassige Nielsen für die emanzipierte Frau der Weimarer Zeit. Die Nielsen gründete ihre eigene Produktionsfirma ArtFilm GmbH, da sie immer öfter mit den ihr angebotenen Rollen unzufrieden war. Der Shakespeare-Klassiker *Hamlet* wurde ihre erste Produktion in Berlin. Sie spielte natürlich die Hauptrolle des Hamlet, änderte kurzerhand die Handlung und machte Hamlet zu einer als Mann verkleideten dänische Prinzessin. Sie ließ sich ihre Haare zu einem Pagenkopf frisieren und machte diese zur meist kopierten Frisur der 20er Jahre. Man demonstrierte damit, dass man sich von den alten Zöpfen und dem Mief der Kaiserzeit getrennt hatte.

Nur ein einziges Mal standen die beiden konkurrierenden Ikonen des Stummfilmes, Porten und Nielsen, gemeinsam vor der Kamera – in der Bibelverfilmung *I.N.R.I.* (1923). Die Zeitungen überschlugen sich damals in ihrer Berichterstattung, welcher der beiden weiblichen Stars übertrumpft die andere? «Hinter den Kulissen tobt ein heftiger Kampf» war zu lesen, oder «Die Nielsen ist in großer Form!» Tags darauf schrieb man das Gleiche über die Porten. «Die Nielsen hat heute eine sensationelle Szene gespielt, die ihr Keine so leicht nachspielt!», dann wieder «Die Porten hat mehr Großaufnahmen als die Nielsen». Letztlich verstand es die pfiffigere Nielsen dafür zu sorgen, dass ihre Konkurrentin immer wieder nur von hinten zu sehen war. Bei einer der letzten Einstellungen, der wichtigen Kreuzigungsszene, sollte Henny Porten als Maria ohnmächtig und von der Nielsen als Magdalena im letzten Moment aufgefangen werden. Es wurde geprobt und alles klappte hervorragend. Robert Wiene, der Regisseur, war von dem Spiel seiner beiden Stars begeistert, besonders davon, dass endlich Ruhe eingekehrt war zwischen den beiden Zankhennen. Es hieß also «Achtung, Aufnahme». Die Porten schaute voller Schmerz gezeichnet zum Kreuz hinauf, wurde ohnmächtig und sank langsam nieder. Die Nielsen sprang vor, aber fing die Porten nicht wie im Drehbuch gefordert auf, sondern ließ die Konkurrentin fallen, mitten in den Dreck.

Asta Nielsen als Hamlet, 1920

Die Kirche, insbesondere die katholische, lief gegen den Film *I.N.R.I.* Sturm. In Bayern wurde der Film gar verboten.

1925 stand die Nielsen mit der «göttlichen» Greta Garbo in dem Film *Die freudlose Gasse* vor der Kamera, unter G.W. Pabst. Es war der einzige Film, den die Garbo in Deutschland drehte. Über Asta Nielsen sagte die Garbo anerkennend: «In ... der Ausdrucks- und Wandlungsfähigkeit bin ich im Vergleich zu ihr ein Nichts.» Der Regisseur G.W. Pabst über seine beiden

Asta Nielsen in *Die freudlose Gasse*, 1925

Hauptdarstellerinnen: «Lange hat man Greta Garbo ‹Die Göttliche› genannt, für mich war und bleibt Asta Nielsen ‹Die Menschliche›». Mary Wigman, die deutsche «Turnmutter der Nation», sagte über ihre Kollegin: «Asta Nielsen, sie ist die genialste, die die Leinwand je gesehen hat, ihr absolut beherrschendes Spiel und ihre starke seelische Vertiefung ist der größte künstlerische Genuss, den der Film zu bieten hat. Ihre Kunst erschüttert mich.»[3]

So sehr die Nielsen von den Kollegen hoch geachtet war, so wurde sie von der Filmindustrie ab 1925 fast vollständig boykottiert, da sie es wagte, ihre eigene Branche zu kritisieren. Erst 1927 drehte sie nochmals fünf Stummfilme, die ihrem Anspruch aber nicht gerecht wurden, und so entschloss sie sich, auf die Theaterbühne zurückzukehren. Endlich konnte sie die Hauptrollen spielen, auf die sie als junge Frau in Dänemark gehofft hatte. Die Nielsen begann nun ihre Bühnenkarriere, ging u.a. mit Alexandre Dumas Stück *Die Kameliendame* auf Tournee und war so erfolgreich, dass sie es sich leisten konnte, die schwachen Filmangebote auszuschlagen.

Ein einziges Mal trat die Nielsen nochmals vor die Filmkamera. Das war 1932 für ihren einzigen Tonfilm *Unmögliche Liebe - Vera Holgh und ihre Töchter,* der nur mäßigen Erfolg hatte. Dieser Tonfilm beendete ihre Filmkarriere, da sie ihren dänischen Akzent nicht abgelegt hatte. Sie weinte der ganzen Filmerei aber keine Träne nach, vor allem nicht nachdem die Nationalsozialisten an die Macht gekommen waren.

Nun zog sich die Nielsen mehr und mehr ins Privatleben zurück. Ab und an stand sie noch auf der Theater-Bühne, und sie begann zu malen. Sie wurde weiterhin auf Filmbälle und Empfänge eingeladen. Vor allem Goebbels versuchte sich ihrer Berühmtheit zu bedienen. Da nun zahlreiche Filmgrößen aus Deutschland flüchteten, trat Goebbels an Asta Nielsen heran, ob sie nicht wieder eine eigene Filmproduktionsfirma leiten möchte. Aber die Nielsen ließ sich nicht so einfach einverleiben und lehnte dankend ab.

Von den Nazis hielt die eher links eingestellte Nielsen nicht viel. So soll sie sich bei einem Gala-Diner ihrem Tischherrn Hitler gegenüber «flegelhaft» benommen haben. Oder auf die Einladung Goebbels' zum Filmball am 27. April 1935 antwortete sie gar nicht erst, obwohl der Satz «Ich betrachte es, als Ihre berufsständige Pflicht zu erscheinen ...» wohl kaum eine Wahl ließ. Nazi-Deutschland hätte sich gern weiter mit diesem internationalen Star geschmückt, aber die Nielsen hatte kein Interesse und ging 1936 in ihre Heimat zurück.

Bis dahin wohnte sie in der Fasanenstraße. Ihre Freundin Käte Haack, die häufig zu «lustigen Festen» und «schönen

Abenden» in der «luxuriösen Wohnung» weilte, in der häufig auch Joachim Ringelnatz, Werner Krauss und Paul Wegener zu Gast waren, sagte: «Welche Kultur in deiner Wohnung! Allein, wie du den überreich besetzten Tisch decktest, das Silber, der Leuchter, das schöne Porzellan! Und was haben wir gelacht!»[4] Auch Heinrich George war hier häufiger Gast bei der Nielsen, die beiden waren eng befreundet und verbrachten gemeinsam die Ferien auf Hiddensee in ihrem Haus, dem «Karussell». Auch Ringelnatz, mit dem sie allerdings mehr als nur eine Freundschaft verband, besuchte sie oft in der Fasanenstraße.

Nach 25 sehr erfolgreichen Jahren in Berlin lebte sie in Kopenhagen sehr zurückgezogen. Als 1940 die Deutschen in Dänemark einmarschierten, klopfte der deutsche Film nochmals an ihre Tür und wollte sie zur Rückkehr bewegen. Auch diesem Werben erteilte sie eine Absage.

Mit 60 Jahren begann sie ihre schriftstellerische Karriere, brachte ihre Memoiren *Die schweigende Muse* 1945 heraus, die in Deutschland erst 1961 veröffentlicht wurden, schrieb Zeitungsartikel und über fünfzig Novellen. Sie leitete zeitweise ein Kino, malte, stellte Collagen aus ihren alten Stummfilmkostümen zusammen, organisierte Ausstellungen, moderierte Radiosendungen und führte mit 86 Jahren erstmalig Regie bei der Verfilmung ihrer eigenen Lebensgeschichte, die auf der Berlinale 1968 ihre Ehrung fand. Im hohen Alter von 88 Jahren verliebte sie sich und heiratete den Kunsthändlers Christian Theede. Zwei Jahre später verstarb sie bei einem schweren Autounfall.

Die Pension Funk, die heute in Asta Nielsens Berliner Domizil betrieben wird, hält die Erinnerung an die Nielsen in Ehren. Ein Hauch der alten Zeit wird liebevoll auf der Etage bewahrt.

Film- und Videocrews nutzen heute gerne dieses spezielle Ambiente, wie z.B. das Duo *Rosenstolz*.

Berlin-Westend, Hölderlinstraße 11

Lilli Palmer

Hölderlinstraße 11 – Westend

Lilli verbrachte eine behütete Kindheit in der Berliner Villenkolonie Westend. Wenn sie als Kind gefragt wurde, wie sie heiße, sagte sie immer: «Dicke Lilli, liebes Kind».[1]

Jeden Tag radelte sie in die Waldschule im Grunewald. In ihrer Schulzeit war Lilli zutiefst verärgert darüber, dass sie ewig nur Zweitbeste in ihrer Klasse war. Dafür nervte sie ihre Schulkameradinnen damit, dass sie, wenn Gedichte zu lernen waren, nicht nur die geforderten Strophen lernte, sondern alle. Da sich die Begeisterung ihrer Mitschülerinnen, Gedichte aufzusagen, in Grenzen hielt, kam Lilli häufig zum Zuge und sagte dann auch alle Strophen auf.

Die kleine Lilli trug nicht nur gern Gedichte vor. Auch wenn es darum ging, einen Vortrag vor der Klasse zu halten, schnellte ihr Arm immer nach oben. Diese Vorträge spickte Lilli gerne mit vielen Fremdwörtern, um Eindruck zu schinden. Bei einem Vortrag über Goethe, sagte sie: «Goethes Schwiegervater ist an den Folgen seiner Syphilis zu Grunde gegangen.» Ihre Lehrerin erklärte daraufhin, davon noch nie etwas gehört zu haben. Lilli hielt eine populäre Goethe-Biographie in die Höhe und sagte «Bitte sehr, hier steht's doch! ... Goethes Schwiegervater starb an den Folgen seiner Trunksucht.» – «Na und? Wo steht etwas von Syphilis?», fragte ihre Lehrerin – «Aber das ist doch dasselbe», belehrte Lilli die Lehrerin «Er trank, das heißt, er süffelte, er hatte also die Süffillis!» – «Prusi», wie sie ihre Lieblingslehrerin nannte, schüttete sich aus vor Lachen.[2]

Es war also nicht verwunderlich, dass Lilli zu jedem erdenklichen Anlass in der Schule ein Gedicht aufsagen oder bei einem wichtigen Besuch eine Rede halten durfte. Nicht zuletzt ergatterte sie in jeder Schulaufführung die Hauptrolle. Nur in der Weihnachtszeit wurde ihr Herz schwer, wenn man die Akteure zum Krippenspiel aussuchte. Jedes Jahr übersah man sie, bis eines Tages doch ihr Name fiel. Allerdings erhielt sie nicht die Hauptrolle als Jungfrau Maria, sondern sollte nur einen Engel darstellen. Bittere Tränen rollten über ihr pausbäckiges Gesicht. Prusi, ihre Lehrerin erklärte ihr, warum sie nicht die Maria spielen könne, man fand nämlich: «Die Jungfrau soll nicht von einem jüdischen Mädchen gespielt werden.» Das verstand Lilli nicht, Maria war doch Jüdin! Prusi erklärte weiterhin, dass Maria nun ein Symbol des christlichen Glaubens geworden sei. Daraufhin raste Lilli mit ihrem Fahrrad nach Hause und wollte sich sofort taufen lassen. Natürlich erlaubten dies die Eltern nicht. So musste sie sich mit der kleinen Statistenrolle abfinden und stand bei der Aufführung der Weihnachtsgeschichte mit den anderen Engelchen auf einer großen Leiter. Alle trugen ein Nachthemd und hatten einen Stern am Kopf befestigt. Dieser sollte von einer Batterie betrieben, die jeder Engel in der Hand hielt, erstrahlen, wenn alle *Stille Nacht* anstimmten. Als das Licht in der Schulaula erlosch und der Gesang anhob, schaltete Lilli ihr Licht aus und gleich wieder an, und wieder aus und an, damit die Blicke sich auf sie richten sollten. Nach der Vorstellung erschien die gesamte Lehrerschaft, um Lilli ordentlich den Kopf zu waschen, was sie sich einbilde, mit dem Licht zu spielen und alle abzulenken. Die kleine Batterie ihrer Lampe rettete Lilli vor einem großen Donnerwetter, sie hatte nämlich tatsächlich ihren Geist aufgegeben, und dafür konnte Lilli natürlich nicht bestraft werden. Sie kam mit einem schlechten Gewissen davon.

Gleich um die Ecke von ihrem Elternhaus, am Kaiserdamm 114, nahm Lilli als Teenager nachmittags Schauspielunterricht. Am Vormittag musste sie weiterhin auf das Gymnasium gehen, ansonsten hätte ihr Vater die Schauspielerei nicht erlaubt. Der war sowieso von der ganzen Sache nicht begeistert. «Die Schauspielschule bestand aus zwei Lehrerinnen und 24 Schülern. Die Lehrerinnen gehörten zu den besten Schauspielerinnen der damaligen deutschen Bühne, Lucie Höflich und Ilka Grüning, beide nicht mehr jung – mir erschienen sie antik – ungefähr um die fünfzig. Jedes Jahr suchten sie unter den vielen Bewerbern zwölf Mädchen und zwölf Jungen zwischen 15 und 20 Jahren aus, die sie zwei Jahre lang unterrichteten.»[3] Mit ihr gingen auch Inge Meysel, Brigitte Horney und Marianne Hoppe auf die Schauspielschule, die beiden letzten wurden auch ihre Freundinnen.

Im April 1932 kam es zur großen Herausforderung. Lilli hatte zur gleichen Zeit ihre Abitur-Prüfungen und die öffentliche Aufführung ihrer Schauspielschule, die gleichzeitig deren Abschluss war. Der Herr Papa versuchte sie nochmals von der dummen Schauspielerei abzubringen und schlug ihr vor: «Na, mein Fräulein – wie steht's? Willst du die Schauspielprüfung nicht doch lieber ein Jahr verschieben?» Das kam natürlich gar nicht in die Tüte. Mit Bravour bestand sie ihr Abi, so dass sie «Hurra brüllend durch die Wohnung tobte und die Schulbücher, eines nach dem anderen im Kachelofen des Wohnzimmers verheizte.»[4]

Zu der Aufführung kamen die Intendanten der Provinzbühnen extra angereist, und in der Regel bekam jeder Absolvent ein Engagement. Lilli wurde 1932 an das Hessische Landestheater Darmstadt engagiert und verließ erstmals das Elternhaus für längere Zeit.

Nach dem Machtantritt der Nazis verlor Lilli wegen ihrer jüdischen Abstammung die Anstellung in Darmstadt und verließ Deutschland, um ihrer Schwester Irene nach Paris zu folgen. Es sollte 21 Jahre dauern, bis sie nach Deutschland zurückkehrte.

Die Stadt der Liebe stellte sich als harte Probe heraus. Lilli versuchte überall unterzukommen, und mit viel Glück schaffte sie es, im «Moulin Rouge» engagiert zu werden. Allerdings half alles nichts, als man herausfand, dass sie nicht tanzen konnte, und sie flog aus der Anstellung noch während der Proben heraus. Sie tat sich mit ihrer Schwester als die «Les Soeurs Viennoises» zusammen. Da niemand sie engagieren wollte, waren sie froh, in verschiedenen Nachtclubs auftreten zu können, die gar nicht so schlecht zahlten. Nach kurzer Zeit war der Reiz des Duos aber erloschen, nun zogen sie von Club zu Club, bis sie auch in den Nachtclubs nicht mehr gefragt waren. Ihnen blieb nichts weiter übrig, als in einem Bordell aufzutreten, denn die Miete ihres kleinen Zimmers musste bezahlt werden.

Kein Jahr später machte sich Lilli nach London auf und konnte dort endlich wieder Theater spielen, man entdeckte sie in London für den Film. Ihre erste Rolle spielte sie in *The first Offence* (1933) und machte später als Zimmermädchen auf sich aufmerksam in Hitchcocks *The Secret Agent* (Der Geheimagent) (1936) neben John Gielgud und Peter Lorre, der auch Berlin wegen seiner jüdischen Abstammung hatte verlassen müssen.

Am Londoner Theater lernte sie den erfolgreichen Schauspieler Rex Harrison (er gewann 1964 mit *My Fair Lady* einen Oscar) kennen, sie heirateten 1943. Mit ihm ging sie in die USA, zusammen spielten sie am Broadway und standen erstmals 1945 gemeinsam in *The Rages Progress* vor der Kamera. Sie drehte in den USA regelmäßig Filme und hatte 1951 sogar eine eigene wöchentliche TV-Show. Ihren großen Durchbruch feierte sie 1952 in *Four Poster* (Das Himmelbett) neben ihrem Mann.

Erst 1954 kam Lilli wieder nach Deutschland zurück, Eric Charell hatte ihr die Hauptrolle in der Verfilmung seines Musicals *Feuerwerk* (1954) angeboten – es wurde ihr erster deutscher Film. Als sie in München auf dem Flughafen mit großem Staat abgeholt wurde, kam ein Mädchen mit Blumenstrauß auf sie zu gerannt und knickste. Lilli wunderte sich, dass man in Deutschland noch knickste. Jemand sagte ihr: «Das ist Romy Schneider. Sie spielt in Ihrem Film mit.»[5] Es folgten Filme wie *Teufel in Seide* (1956) mit Curd Jürgens und *Mädchen in Uniform* (1958), wieder mit Romy Schneider. Wegen des schwachen deutschen Filmniveaus verließ Lilli Deutschland wieder. Sie stand bis 1974 regelmäßig in England, Amerika und Frankreich vor der Kamera, seltener in Deutschland.

Eine ihrer letzen großen deutschen Filme war *Lotte in Weimar*, den sie 1974 bei der DEFA gedreht hat. Während der Dreharbeiten in Babelsberg bewohnte sie die Schlafräume der letzten Kronprinzessin Cecilie auf Schloss Cecilienhof, schon damals ein Hotel. Wenn sie in West-Berlin zu tun hatte, stieg sie meistens im Hotel Gerhus, dem heutigen Schlosshotel ab.

Lilli Palmer war an ihrem Lebensende Schweizer Staatsbürgerin und lebte ab 1970 in Campo Mijas. Sie begann zu schreiben und widmete sich zuletzt der Malerei.

Lilli Palmer und Gary Cooper, 1956 auf der Berlinale

Berlin-Charlottenburg, Lietzenseeufer 9

Luise Ullrich

Lietzenseeufer 9 – Charlottenburg

Die kleine Luise war so talentiert, dass sie bereits mit 14 Jahren eine Schauspielausbildung in Wien erhielt, obwohl man eigentlich erst mit 16 Jahren in der Schauspielschule aufgenommen wurde. Das bedeutete allerdings ordentlich Schuften. Vormittags musste sie in die Schule und für ihr Abitur büffeln und nachmittags ging es dann in die Schauspielschule. Ein Jahr später erhielt sie bereits ihr erstes Engagement an der Volksbühne Wien im Stück *Heimat*.

Als 20-jährige machte sie sich nach Berlin auf. Sie kannte niemanden in der Reichshauptstadt und schlug sich so durch. Sie hatte Glück und wurde am Volkstheater engagiert. Ihre Glückssträhne hielt an, denn bereits ein Jahr später hatte sie ihren großen Durchbruch an der Seite von Werner Krauss in *Rauhnacht*. Und, als ob das nicht genug gewesen wäre, am Premierenabend saß Luis Trenker, der gerade seinen Film *Der Rebell* (1932) besetzte, im Zuschauerraum und engagierte sie vom Fleck weg für die Hauptrolle. Die Universal-Studios aus den USA produzierten diesen Film. Luise bekam 5000 RM für die Rolle, woraufhin ihre Eltern nicht glauben konnten, dass man soviel Geld für nur einen Film bekommen konnte. Die Eltern meinten, sie solle einen Anwalt hinzuziehen, da das Ganze nicht mit rechten Dingen zugehen konnte. Denn wenn Amerikaner diesen Film produzierten, mussten es Gangster sein. Sie kannten ja nur Al Capone und Bonnie & Clyde.

Luises Rolle in dem Film war allerdings keine gute Rolle, denn gute Rollen hatte bei Trenker-Filmen nur Trenker selbst. Dieser Film wurde auf Deutsch, Englisch und Französisch in der gleichen Kulisse hintereinanderweg gedreht. Für die deutsche Version war der Regisseur Curtis Bernhardt verantwortlich. Er hatte die Leute von Universal ziemlich verunsichert, er behauptete nämlich, dass die junge Ullrich optisch nicht «so dolle sei», sodass er als Ersatz gleich eine hübsche, erfolgreiche Filmschauspielerin, die zufällig auch seine Freundin war, im Schlepptau hatte. Sie hätte einspringen können, falls Luise versagte. Aber den Gefallen tat sie weder dem Regisseur noch seiner Geliebten.

Am Lessing-Theater traf Luischen den Frauenschwarm Victor de Kowa. Er hatte gerade einen riesigen Erfolg neben Conrad Veidt in *Die andere Seite* (1931) und lächelte noch immer von fast jeder Litfaßsäule herab. Sie hatten sich als Kollegen auf der Bühne bereits kennen gelernt, als in der Pause Vicky, wie sie in später nannte, auf Luise zukam und sie fragte: «Sie kommen also aus dem kleinen Städtchen an der Donau, wie heisst es gleich noch? Wean?» Worauf Luise verschmitzt ihre Zunge ein bisschen heraus streckte und zurückfragte: «Würden Sie dem kleinen Mädchen aus dem kleinen Städtchen an der Donau vielleicht ein paar Weintrauben holen?» Victor war über soviel Frechheit verdutzt, denn er war bereits ein Star und dachte, er habe nicht richtig gehört. Er antwortete: «Wie bitte?», aber Luise ließ sich nicht beeindrucken und stichelte weiter: «Ja, haben sie Radieschen in den Ohren? Da unten steht ein Mann mit einem Obstwagen! Also, schnell, hopp, hopp, sonst kommen wir wieder dran!»[1] De Kowa brummte nur etwas in seinen nicht vorhandenen Bart und setzte sich dann tatsächlich in Bewegung! Sie wurden sieben Jahre miteinander glücklich und er besuchte sie häufig in ihrer Wohnung am Lietzenseeufer.

In der *Filmwoche* konnte man 1934 lesen: «Jeder, der zum erstenmal Luise Ullrichs neue Wohnung am Lietzenseeufer betritt, macht zunächst einmal: ‹Aaaah!!!› Von wegen der Aussicht nämlich. Es lächelt der Lietzensee, dieses reizende Charlottenburger Gewässer, und ladet zum Bade, aber das kann man nun wieder nicht machen, weil es verboten ist, jedoch ist das Rudern erlaubt, und Luischen gesteht, dass sie oft davon Gebrauch macht.»[2] Ihre Eltern besuchten sie dort häufig und mit dem Vater spielte sie dann liebend gerne Schach. Das versuchte sie vergeblich ihrem Vicky beizubringen, der bereits nach einer halben Stunde entnervt aufgab, obwohl er so ein schönes «Schachgesicht» machen konnte.

Luise Ullrich in ihrer Wohnung am Lietzenseeufer, 1934

In der Wohnung hielt sie einen kleinen Zoo, dazu gehörte der nicht zu definierende Mischling «Puxy – der Hüter des Hauses», einen Dompfaff, der die aktuellen Schlager pfiff, und die Fische im Aquarium. Luise erinnerte sich im Interview an mörderische Tage im Aquarium: «Neulich hatte man mir aus Versehen einen kleinen Raubfisch mitgeliefert, der Tod und Verderben im Aquarium verbreitete – es gab eine furchtbare Aufregung, aber seitdem das winzige Ungeheuer entfernt wurde, herrschen wieder Fried und Eintracht unter den ‹stillen Gästen›.»[3] Daraufhin konnte sich Luise vor gut gemeinten Ratschlägen seitens ihrer Fans kaum retten und auch der ein oder andere Zierfisch wurde an ihrer Tür abgegeben.

Luise wurde in den dreißiger Jahren so populär, dass sie sogar einen Vertrag bei MGM für Hollywood angeboten bekam. Zur Vertragsunterzeichnung flog sie nach London. Als sie am Ritz in London eintraf, hielt hinter ihrem Taxi ein weiteres, ihm entstieg Robert Taylor. Taylor war gerade «der Star» der MGM, und ihr Agent stellte beide einander kurz vor. Sie konnten kaum zwei Sätze wechseln, da wurde Taylor gleich von seinen wartenden, jubelnden Fans umzingelt und mit Beschlag belegt. Am nächsten Tag fuhr Luise zu den MGM-Büros, um ihren Vertrag zu unterzeichnen. Im Vorzimmer der Direktion traf sie «zufällig» auf Robert. Er wartete bereits auf sie und meinte, sie solle im nächsten Film, der in China spielt, seine Partnerin werden. Dabei müsse er sie bei einer Flucht über einen Fluss tragen und testete es gleich einmal aus, ob es auch klappen würde. Louis B. Meyer, der Chef von MGM und seine Sekretärin kamen herein, um Luise zur Unterschrift zu holen, als sie ihre Neuerwerbung auf den Armen von Taylor sahen. Beide schätzten die Situation richtig ein und verzogen sich sofort wieder. Als Robert sie endlich frei gab, ging sie zu Louis B. Meyer ins Büro. Er sagte ihr ohne Umschweife, dass sie nun statt der ursprünglich vereinbarten 800$ Gage 1000$ pro Woche erhalten würde, da Bob sie offensichtlich mochte. Sie solle aber nicht vergessen, ihren neuen Verehrer davon in Kenntnis zu setzen. Meyer meinte: «Ich tue alles, to make him happy. Er ist mein bestes Pferd im Stall. Er macht mehr als Gable und Cooper zusammen.»[4]

Ihr schöner Vertrag bei MGM schien das Papier nicht mehr wert zu sein, als Deutschland Österreich annektierte. Man kam aus Deutschland nun nicht mehr so einfach heraus und schon gar nicht an Devisen heran, um in die USA zu gelangen. Das entmutigte Luise aber nicht. Luise hatte eine Idee und ging zum früheren Ullstein-Verlag, der nach seiner Arisierung nun Deutscher Verlag hieß. Sie hatte bereits erfolgreich für den Verlag geschrieben und bot ihnen nun einen Bericht über Südamerika an. Der Verlag willigte ein, sie bekam die Ausreisegenehmigung – und Devisen.

In Argentinien auf der Isla Victoria angekommen, ließ Luise sich von der Schönheit der Natur überwältigen und den schönen Vertrag sausen. Nicht nur das – Victor de Kowa kam auf der Jungfernfahrt des neuen deutschen Elektro-Passagierschiffes «Patria» nach Südamerika, um Luise mit einer Schiffshochzeit zu überraschen. Sie hatte für den 18. Oktober 1938 die Rückfahrt gebucht. Vicky hatte natürlich Journalisten mit an Bord, die über die Traumhochzeit «des anmutigsten Paares» in Deutschland exklusiv berichten sollten. Viktor, die Presse und der Kapitän warteten den ganzen 18. Oktober an der Gangway. Die Passagiere gingen auf ihre Tagesausflüge und kamen zurück, nur Luise kam nicht. Der Bräutigam konnte den Kapitän noch überzeugen, die Abfahrt um eine halbe Stunde hinauszuzögern, aber die Braut erschien nicht. Für die deutsche Öffentlichkeit galt Luise Ullrich als verschollen.

Luise, die Gast einer zoologischen Station war, hatte die Zeit auf Isla Victoria ganz vergessen. Das soll dort schon mehreren Personen passiert sein, dass sie jegliches Zeitgefühl verloren haben. Erst 1939 tauchte Luise aus ihrem Dornröschenschlaf wieder auf. Ihre Rückreise von Argentinien verlief über Lima. Dort lernte sie ihren späteren Mann Wulf Dieter Graf zu Castell kennen, einen Lufthansa-Kapitän. In Lima erhielt sie bereits einen Tag später eine Einladung der Deutschen Gesandtschaft, auf der auch der Herr Kapitän zugegen war. Sie ließen sich kurzerhand kirchlich trauen. Erst zwei Jahre später wurden sie standesamtlich in Berlin getraut und feierten die Hochzeit in ihrer gemeinsamen Dahlemer Villa .

Nachdem Luise sich persönlich beim Reichspropagandaminister Goebbels entschuldigt hatte, durfte sie auch wieder in Deutschland filmen. Ihr Buch über Südamerika, *Sehnsucht, wohin führst du mich?*, kam 1941 heraus und wurde ein großer Erfolg.

Kurz vor Ende des Krieges verließ sie Berlin Richtung München. Nach dem Krieg drehte sie noch vereinzelt, zog sich aber weitgehend vom Film zurück. Sie widmete sich verstärkt ihren großen Leidenschaften – ihrer Familie und dem Theater. Berlin sah sie nach dem Krieg, wie die meisten ihrer Kollegen, nur noch besuchsweise wieder.

Berlin-Charlottenburg, Schlüterstraße 42

Conrad Veidt

Schlüterstraße 42 – Charlottenburg

An einem kalten Wintertag in Berlin-Mitte erblickte Conrad Veidt das Licht der Welt. Er wurde einer der berühmtesten deutschen Schauspieler, auch im Ausland. Sein bekanntester Film ist der Klassiker *Casablanca* (1942), in dem er neben Humphrey Bogart und Ingrid Bergman als unheilvoller deutscher Offizier, Major Strasser, zu sehen ist. Die Zensoren im Nachkriegsdeutschland waren allerdings der Meinung, dass der unmündige Deutsche einen so bösen Landsmann nicht ertragen könne und schnitten Veidt und alle Nazis in der Kinofassung 1952 heraus. Erst 1968 bekam das westdeutsche Publikum eine unzensierte, untertitelte Version auf der ARD zu sehen. Die ARD-Anstalten zeigten bis 1975 auf ihren Dritten Programmen immer mal wieder diese Version, bis am 5. Oktober 1975 eine neu synchronisierte, ungeschnittene Fassung auf der ARD lief. (In diesem Fall waren die DDR-Cineasten besser dran, denn sie konnten die Originalversion in einer tschechisch untertitelten Fassung schon früher genießen.)

Connie, wie er von Kollegen und Freunden genannt wurde, war der höchst bezahlte Schauspieler am Casablanca-Set, er verdiente soviel wie Ingrid Bergman. Beide bekamen 25.000 $ für ihre Rolle, nur Conrad arbeitete dafür nur fünf Wochen und Ingrid zehn Drehwochen. «Bogi» erhielt für zehn Wochen 35.000 $. Aber bis Hollywood war der Weg noch weit.

Zunächst hieß es für den jungen Conrad die Schulbank drükken. Er ging in Schöneberg auf das Sophien-Gymnasium. Der Schulbesuch gehörte nicht gerade zu seinen Lieblingsbeschäftigungen, er streifte lieber gedankenverloren durch Berlin und schwänzte gerne mal die Schule. Hausaufgaben kannte er nicht. Kein Wunder also, dass er unter seinen Mitschülern den letzten Platz in der Klasse einnahm. Connie verließ das Gymnasium ohne Abschluss. Ernst Lubitsch ging auch auf dieses Gymnasium, er verließ es allerdings erfolgreich.

Wenn er in der Schule wieder einmal durch Abwesenheit glänzte, trieb er sich auf dem Hof des Deutschen Theaters herum, um dort seine Stars zu bewundern, besonders Paul Wegener. Hatte er nur eine Mark übrig, holte er sich ein Ticket für den billigsten Platz und schlenderte dann, vom Stück ergriffen, stundenlang in der Stadt herum. Mit 16 Jahren trug er einen großen weichen Schlapphut und ein Künstlercape statt eines Mantels, die Leute wunderten sich über diesen 1,90 m großen Hünen und schauten ihm nach.

Eines Tages winkte ihn der Portier des Deutschen Theaters heran, dem er natürlich längst aufgefallen war, und schickte ihn zu Herrn Blumenreich, einen Mitarbeiter des Professors, wie man Max Reinhardt im Theater nannte. Der wusste natürlich auch Bescheid von Connies Theaterbesessenheit und gab ihm knapp zwanzig Schauspielstunden. Blumenreich lud ihn dann zu einem Vorsprechen vor Reinhardt persönlich ein. Die Nacht zuvor konnte Conrad kein Auge schließen. Als er dann endlich vor dem großen Theaterimpressario stand, sprach er aus dem Faust vor. Reinhardt war so «begeistert», dass er aus dem Fenster schaute. Nichtsdestotrotz erhielt er ein Volontärsvertrag und 50 Mark monatlich. Conrad sagte dazu später: «Ich war immer gegen Überbezahlung.»[1]

Als Erstes ließ er sich Visitenkarten drucken, immerhin war er jetzt Mitglied des Deutschen Theaters, auch wenn es nur für Statisten- oder kleinste Rollen reichte. Aber wer wusste das schon!

Im Ersten Weltkrieg wurde auch Conrad Veidt eingezogen und recht schnell als frontdienstuntauglich eingestuft. Am Deutschen Theater hatte er Lucie Mannheim kennen gelernt, die sich dafür stark machte, dass er nun ans Fronttheater nach Libau kam. Dort stand ihm zwar die große Theaterwelt auch mit Hauptrollen offen, aber es zog ihn doch eher nach Berlin und die kleinen Rollen am großen Theater. Er schrieb an Reinhardts Bruder Edmund und wurde wieder engagiert.

In den Augen eines Theaterschauspielers hatte die Filmerei nichts mit Kunst gemein und man schaute geringschätzig auf dieses neue Medium hinab. Häufig mussten Schauspieler damals in ihren Verträgen einen Passus unterschreiben, der ihnen das Filmen verbot. Allerdings schielten alle auf die enormen Gagen, mit denen das Filmgeschäft lockte. Außerdem wurde wegen des Lichtes am Tage gedreht, und am Abend konnte man dann immer noch Theater spielen. Und auch Connie erlag dem Angebot, an einem Tag soviel beim Film zu verdienen wie in einem ganzen Monat am Theater. «So hat mich der Film bekommen. Als ich den Vertrag unterschrieben hatte, fragte ich mich, ob ich meine Seele verkauft hatte, wie Faust. Ich konnte nicht ahnen, dass ich die Filmerei faszinierend finden würde. Auch wenn sie einen Schurken aus mir machte.»[2]

Dem Regisseur und Produzenten Richard Oswald war dieser markante junge Mann aufgefallen, denn Connie hatte schon in einigen Filmen der Deutschen Bioskop mitgespielt. Oswald besetzte ihn in einer neuen Form von Film, dem «Aufklärungsfilm».

Conrad Veidt war eine außergewöhnliche Erscheinung, war nicht der glatte freundliche Typ wie Willy Fritsch, er sah fremdartig und exotisch aus, er war groß und mager, erschien filigran und durchgeistigt mit seinen unendlich schönen Augen, deren Blau man heute nur noch in dem Film *Der Dieb von Bagdad* (1940) bewundern kann. Sein Gesicht vergaß man nicht, wenn man es einmal gesehen hatte. Oswald drehte mit Conrad über zwanzig Filme. Mit der Skandalnudel der 20er Jahre, Anita Berber, stand er allein zehnmal vor der Kamera. Die Schauspieler Reinhold Schünzel und Werner Krauss komplettierten das Erfolgsquartett unter Oswald.

Am 18. Juni 1918 heiratete Conrad Veidt die fünf Jahre ältere Bühnen-Kollegin Gussy Holl, die zuvor bereits mit Kurt Tucholsky liiert war, der über seine Liebste damals sagte: «Frankfurt hat zwei große Männer hervorgebracht: Goethe und Gussy Holl.»[3] Gussy war mit Connie nur ein gutes Jahr verheiratet, dann schnappte Emil Jannings sie dem Connie weg, woraufhin dieser sagte: «Das Dumme ist – ohne die Holl kann man ja auskommen, aber ohne den Emil kann man auf Dauer nicht leben.»[4] Immerhin hat Connie Gussy Holl in seinen beiden Filmen *Wahnsinn* (1919) und *Die Nacht auf Goldenhall* (1920), in denen er auch Regie führte, verewigt. Sie spielte die weibliche

Hauptrolle neben ihm. Diesen Ausflug in die Regiewelt unternahm er mit seiner neu gegründeten Filmproduktionsfirma «Veidt-Film». Er wollte seinem Freund F.W. Murnau nacheifern, scheiterte aber – dafür war Murnau kein so begnadeter Schauspieler.

Oswald besetzte ihn auch in Gruselfilmen, *Satanas* (1919) war der erste, es folgten u.a. *Unheimliche Geschichten* (1919), *Der Januskopf* (1920), und in *Lucrezia Borgia* (1922) spielte er den Bruder Cesare. Seine bekannteste dämonische Figur spielte er in dem expressionistischen Stummfilmklassiker *Das Cabinet des Dr. Caligari* (1920) unter der Regie von Robert Wiene für Erich Pommers «Decla-Bioskop». Für alle Beteiligten bedeutete dieser Film einen internationalen Durchbruch. Wiene übertrug Elemente der expressionistischen Malerei und des Theaters auf den Film. Der Hypnotiseur Caligari (Werner Krauss), verführt ein somnambules Medium (Conrad Veidt) dazu, mehrere Morde zu begehen. Die Nachforschungen eines Studenten ergeben, dass der Schausteller zugleich Direktor einer Irrenanstalt ist und seine Patienten für Verbrechen benutzt. Lil Dagover, die die Jane in *Caligari* spielte, schrieb über ihren Kollegen Conrad Veidt, dass er während der Dreharbeiten wie ein Tiger im Studio umherschlich, auch wenn keine Kameras mehr liefen, und die Kollegen erschreckte. «Er war bekannt dafür, dass er seine Rollen nicht spielte, sondern mit jeder sich neu verwandelte und sich bei der Darstellung der meist mystischen rätselhaften Figuren bis zur völligen Erschöpfung ausgab.»[5]

Pommer wusste, dass dieser Film schwierige Kost war und plakatierte halb Deutschland zu mit «Du musst Caligari werden!». Kein Mensch wusste, worum es sich handelte, aber es machte neugierig.

Die Premiere im Berliner Marmorhaus wurde ein Triumph, und die Kritiker überschlugen sich, wie auch Kurt Tucholsky, der aber auch zu bedenken gab: «Ein Provinzgeschäft ist es nicht, und ich fürchte, nicht einmal ein Berliner Geschäft.»[6] Tucholsky sollte Recht behalten, der Film fiel beim deutschen Publikum durch, wurde allerdings in Frankreich und den USA ein Riesenerfolg. Danach war man auch in Deutschland für den Film offen.

Mit den Filmen *Das Wachsfigurenkabinett* (1923) und *Orlacs Hände* (1925) wurde er der Dämon des deutschen Stummfilms, und man nannte ihn den «König der Gänsehaut», Lil Dagover sagte, er sei «ein Vertrauter der Gespenster». Er war inzwischen zum Star neben Emil Jannings aufgestiegen in Deutschland wie auch international und genoss seinen Ruhm. Es störte ihn aber, dass Gott und die Welt ihn als den Mann sah, den er spielte und nicht als den, der er war. Selbst die Einstellung von Dienstboten gestaltete sich schwierig. Eine Dame schrie entsetzt seine Frau an, als sie erfuhr für wen sie arbeiten sollte: «Was? Ich soll für einen blutrünstigen Mann, der die Frauen wie Hennen schlachtet, arbeiten?»[7]

Unter Joe May, einem der erfolgreichsten Produzenten und Regisseure der Weimarer Zeit, begann Conrad seine Turbanrollen mit *Das indische Grabmal* (1921). Das Drehbuch stammte von Fritz Lang und dessen Gattin Thea von Harbou. Beide verkauften das Drehbuch unter der Prämisse, dass Lang Regie führen würde. Da May aber den Film bereits in die USA verkauft hatte, und die Verleiher einen erfahrenen Regisseur forderten, setzte sich May selbst auf den Regiestuhl. Lang ignorierte May daraufhin, er verfilmte sein Drehbuch dann in den 50ern mit René Deltgen in Conrads Rolle.

Mit dem Film *Das indische Grabmal* wurde Veidt, der den indischen Maharadscha spielte, der Schwarm vieler Backfische und deren Mütter. Der Film kostete 20 Millionen Mark und war bis dato der teuerste Streifen. Zebras und Elefanten holte sich May aus dem Zirkus Sarrasani und die Tiger aus Hagenbecks Tierpark in Hamburg. Der Film war ein weltweiter Erfolg, beruflich konnte es für Veidt nicht besser laufen.

Privat fand er sein Glück mit der Wienerin Felizitas Lüttgau, die er im April 1923 ehelichte. Zwei Jahre später kam sein einziges Kind, Vera Viola Maria, zur Welt. Max Reinhardt schickte der Tochter ein Telegramm, in dem er ihr zu ihren prachtvollen Eltern gratulierte.

Mitte der 20er Jahre wagte der Star den Sprung über den großen Teich. Er folgte der Einladung von John Barrymoore, der mit ihm den Film *The Beloved Rouge* (Der Bettelpoet) (1926), drehen wollte. Als Veidt am Bahnhof von L.A. ankam, empfing ihn ein geschminkter Mann in einer alten französischen Gerichtsuniform, es war John Barrymoore. Als Barrymoore seinen Kollegen sah, sagte er nur: «Mein Gott, bist du groß!» Die ersten Jahre sah man den fast zwei Meter großen Mann nie in Gänze. Da er für das Objektiv der Kamera zu groß war, sah man ihn entweder ohne Füße oder in langen Umhängen. Barrymoore führte ihn zu seiner Limousine und sie fuhren mit 80 Sachen durch die Stadt, begleitet von einer Motorradeskorte. Das beeindruckte auch Connie.

Douglas Fairbanks begrüßte den Kollegen aus Deutschland, indem er ihm mit der Peitsche die Zigarette aus der Hand schlug. Fairbanks zeigte damit gleich seinen größten Trick, allerdings erst nachdem er Connies berühmtes Seitenprofil genügend bewundert hatte. Diese Begrüßung in Hollywood gefiel Conrad.

Nach nur vier Filmen kam er nach Berlin zurück, der Tonfilm, der «Talkie», war auf dem Vormarsch, und Conrad fühlte sich zunächst mit seinem Englisch nicht fit genug, um in einer Fremdsprache zu filmen. Außerdem sehnte er sich nach den Jahreszeiten seiner Heimat, er wollte mal wieder Schnee sehen und sich die Hände vor Kälte reiben. Wäre er in Hollywood geblieben, wäre Connie wohl als *Dracula* (1931) in die Filmgeschichte eingegangen. So wurde es Bela Lugosi, mit dem er im *Januskopf* zusammen vor der Kamera gestanden hatte. Carl Laemmle (Direktor der Universal Pictures) wollte Veidt für diese Rolle, aber da er bereits Richtung Berlin unterwegs war, wurde Lugosi engagiert, der bereits am Broadway den Dracula gespielt hatte.

Billie Wilder, damals als Redakteur für verschiedene Berliner Zeitungen unterwegs, stimmte eine Lobeshymne auf den «ersten Heimkehrer aus Hollywood» an und stellte ihn auf eine Stufe mit Douglas Fairbanks. Wilder schrieb damals, dass *Caligari* seit nunmehr sechs Jahren in New York lief und stellte etwas spöttisch die Frage, ob Conrad Veidt sich in Hollywood vielleicht den Magen mit Milch und Honig verdorben hätte und ob er nun wieder Brot essen möchte.

Billie ahnte noch nicht, dass er selbst einer der ganz Großen in Hollywood werden würde.

Conrad Veidt, um 1925

Kaum in Berlin angekommen, wollte er unbedingt wieder Theaterluft atmen. So spielte er in dem Stück *Überfahrt* von Sutton Vane mit, welches so erfolgreich war, dass man gleich damit auf Tournee ging. Käte Haack spielte neben dem heimgekehrten Hollywoodstar. Nach der Aufführung stand immer ein Wagen am Bühneneingang für die Schauspieler bereit. Dies wusste die Menge und wartete dort auf ihre Stars. Käte konnte in der Regel durchhuschen und niemand behelligte sie. Connie allerdings überragte kurz mit seinen 1,90 Meter die Menge und verschwand dann. Erst nach geraumer Zeit tauchte er abgekämft am Wagen auf – mit zerrissenem Anzug und Hemd. Mantel und Hut hatten neue Besitzer gefunden. Beide stimmten im Auto überein, die Tour sei nicht nur erfolgreich, sondern auch höchst anstrengend. Nach solchen Erlebnissen brauchte man natürlich einen Absacker, und Connie konnte nie ein Ende finden. Käte erinnerte sich: «Veidt liebte den Alkohol und die Bars, nachts saß er mit uns Kollegen noch gern lange auf. Zum Ausgleich ging ich am nächsten Morgen schwimmen. Damals habe ich von Deutschland die Schwimmbäder und die Nachtlokale kennen gelernt.»[8]

Damals verkehrte Veidt auch in der Berliner Schwulenszene. Christopher Isherwood berichtet in seinen Memoiren *Christopher and His Kind 1929-1939* von seinem Besuch des Tuntenballs 1929. Connie saß perfekt gekleidet an einem Extra-Tisch und schaute sich die Tänzer wohlwollend durch sein Monokel an, dabei nippte er an seinem Champagner und genoss seine Zigarette in der Zigarettenspitze. Er schien eine überirdische Gestalt, der Schutzpatron dieser Veranstaltung zu sein und zeigte sich großzügig seinen Anhängern gegenüber. Selbst

Conrad Veidt, Marlene Dietrich und Regisseur Kurt Bernhardt am Set von *Die letzte Kompagnie*, Babelsberg 1929

heute wird im Internet gerätselt, war Conrad Veidt dem eigenen Geschlecht zugeneigt oder nicht; immerhin war er dreimal verheiratet und hatte eine Tochter. Aber das haben auch andere Homosexuelle, wie z.B. Wolfgang Joop. Der Regisseur und Drehbuchautor Geza von Cziffra schrieb über Veidts Hauptrolle in *Anders als die Andern* (1919), dem ersten Film der sich mit Homosexualität auseinandersetzte: «Er brauchte nicht in eine fremde Rolle schlüpfen, er war wirklich homosexuell. Die Tatsache, dass er mit der Diseuse Gussy Holl verheiratet war, sollte nur die weiblichen Fans bei der Stange halten. Ihre Ehe dauerte kaum ein Jahr und wurde nie vollzogen, so behauptete Gussy Holl, die nach der Scheidung Emil Jannings heiratete.»[9] Allerdings nahm es Cziffra nicht immer so ganz genau mit der Wahrheit, wenn es nur darum ging, eine gute Geschichte zu erzählen. Anita Loos schrieb in ihren Erinnerungen über ihren Berlin-Aufenthalt: «Das Nachtleben war sehr dekadent. Jede Berliner Dame könnte sich als Mann entpuppen; das schönste Mädchen der Straße war aber Conrad Veidt, der später ein internationaler Filmstar wurde.»[10] Das Schwule Museum Berlin widmete Conrad Veidt zum 50. Todestag eine Ausstellung. Für das Museum stellte sich die Frage von Veidts Homosexualität erst gar nicht.

In Babelsberg drehte er seinen ersten Tonfilm *Die letzte Kompagnie* (1930). Im Studio nebenan wurde gerade *Der blaue Engel* gedreht und Marlene stiftete in ihrem «Lola Lola»-Kostüm gerne etwas Unruhe unter den Soldaten der Kompagnie. Es folgten *Rasputin* (1930) und einer der erfolgreichsten deutschen Operettenfilme, die je gedreht wurden *Der Kongreß tanzt* (1931), Conrad spielt den sympathischen Fürst Metternich. Der Film wurde 1937 von Goebbels verboten, da in ihm zu viele Juden und politisch unerwünschte Künstler mitgewirkt hatten.

Als er 1933 in der Verfilmung von *Wilhelm Tell* mitspielte, erhielt er telegrafisch ein Angebot, die Hauptrolle als *Jud Süß* (1934), einer Verfilmung des Lion Feuchtwanger-Romans, für die englischen Gaumont-Studios zu übernehmen. Er telegrafierte zurück, dass er nach Abschluss der Dreharbeiten zur Verfügung stünde. Da alle Telegramme, die die Grenze Deutschlands passierten, von den Behörden gelesen wurden, entging diese Zusage auch nicht dem Reichspropagandaministerium. Für Goebbels eine absolute Unmöglichkeit, dass ein deutscher Schauspieler in einem solchen Film mitspiele. Als Conrad Veidt im Januar 1934 wieder nach Berlin kam, um die englische Version des Filmes *Wilhelm Tell* nachzudrehen, setzte Goebbels Conrad Veidt einfach unter Hausarrest. Goebbels hatte Veidts dritter Frau Lily Preger, eine Halbjüdin, bereits die Ehrenarierschaft angeboten, um den Star in Deutschland zu halten. Ein Brief mit Conrads Handschrift erreichte die Gaumont-Chefs, darin stand, dass er krank und reiseunfähig sei. Seine Frau Lily, die bereits in London ein neues Heim für sich und ihren Connie einrichtete, bemerkte sofort, dass der Brief nicht dem Stil ihres Mannes entsprach und er nur schrieb, was man ihm diktierte. Das Studio und das britische Außenministerium schickten einen britischen Arzt nach Berlin. Dieser fand den Schauspieler bei bester Gesundheit vor. Um einen Skandal zu vermeiden, ließ Goebbels den großen deutschen Star mit knirschenden Zähnen ziehen. Veidt sah Deutschland nie wieder. Seither glomm in Goebbels der Wunsch nach Rache, die er 1940 durch seine perfide *Jud Süß*-Verfilmung unter der Regie von Veit Harlan auch bekam. Diese Harlan-Verfilmung ist bis heute verboten. Nach der Premiere in England konnte man im *Völkischen Beobachter* lesen: «Conrad Veidt wurde für diesen Verrat an seinem Lande bezahlt – durch das Lob der jüdischen Öffentlichkeit.»

London wurde seine neue Heimat, 1938 wurde Veidt britischer Staatsbürger. Er drehte dort knapp zehn Filme u.a. den einzigen Farbfilm mit ihm. In *Der Dieb von Bagdad* (1940) spielte er den bösen Großwesir Jaffar. Diese Monsterproduktion zog sich lange hin, zunächst mangelte es am Drehbuch, welches Miles Malleson, der auch den Sultan spielte, übernahm. Alexander Korda verstritt sich mit seinem Produzenten, der das Ganze für seinen Geschmack nicht exotisch genug und mit zu wenig Action inszenieren wollte. Nun nahm Korda das Heft selbst in die Hand. Als der Krieg ausbrach, schien es, als ob der Film nie beendet werden sollte, denn man wollte die Außenaufnahmen in Ägypten drehen. Korda entschied, das ganze Set nach Amerika verschiffen zu lassen und den Film

Der Dieb von Bagdad dort fertig zu drehen. Der Film wurde letztlich ein traumhaftes Märchen. Er erhielt drei Oscars für Spezialeffekte, für Farbe und Ausstattung. Der Jubiläumsfilm der Ufa zu ihrem 25 Geburtstag, *Münchhausen* (1943) mit Hans Albers, hatte diesen Film zum Vorbild und konnte tricktechnisch absolut mithalten.

Nach diesem Erfolg meldete sich die MGM bei Connie. Man sagt, dass er erst bereit war, seinen Vertrag zu unterschreiben, als ihm zugesichert wurde, dass er täglich seine Berliner Weiße bekäme. Sein erster Film für MGM wurde *Escape* (1940), und er freute sich riesig, als er seinen alten Berliner Kollegen vom Deutschen Theater im Studio wieder traf – Albert Bassermann. Seinen letzten großen Erfolg feierte er mit *Casablanca* (1942) – heute ein Klassiker.

Conrad Veidt starb 1943 mit nur 50 Jahren an einem Herzinfarkt auf einem Golfplatz in L.A. Dabei wartete bereits eine neue Traumrolle auf ihn. Der Schriftsteller C.S. Forester hatte schon 1930 bei der Premierenfeier von *Die letzte Kompagnie* mit Connie einen Plan geschmiedet. Forester meinte, sein Freund könnte sowohl den «perfect lover» mimen wie auch einen Mann der Tat. Allerdings würde es eine Weile dauern, bis das Manuskript geschrieben, angenommen und gedreht sein würde. Der Schriftsteller vergaß die Idee nicht und arbeitete neun Jahre daran, Conrad Veidt die perfekte Rolle auf den Leib zu schreiben. Er steckte sein Herzblut in die Gestaltung der Rolle des Kapitän Hornblower.

Hollywood griff 1940 sofort zu, als ihnen der Stoff angeboten wurde, auch mit Veidt war man mehr als einverstanden. Leider verstarb Conrad Veidt unerwartet. Gregory Peck übernahm die Rolle des Hornblower und feierte mit *Captain Horatio Hornblower R.N.* (1951) den Erfolg, der eigentlich für seinen Kollegen gedacht war.

 Berlin-Grunewald, Herthastraße 17a

Grethe Weiser

Herthastraße 17a – Grunewald

Grethe war ein Hannoveraner Kind, wuchs in Dresden auf und wurde mit ihrer Kodderschnauze zur Berlinerin.

Gleich nach ihrer Geburt gab es den ersten Wirbel ums Grethchen. Sie hieß eigentlich Magarethe und sollte wie alle anderen Magareten nur mit t geschrieben werden. Der Herr Papa begab sich zum Standesbeamten, um einen Schreibfehler zu beanstanden, denn dort hatte man ihren Namen mit th geschrieben. Der Standesbeamte sagte recht unbeeindruckt, dass er vor kurzem die Operette *Margarethe* – mit th – von Charles Gounod gesehen hätte, somit sei also bewiesen, dass der Name sehr wohl mit th geschrieben werde. Man erklärte dem Vater auch gleich noch, dass, wenn er den Namen ändern wolle, er einen Verwaltungsakt zur Namensänderung beantragen müsse, was Monate dauern könne. Papa Weiser hasste Verwaltungsakte und gab genervt auf. So kam Grethe zu ihrem th im Namen.

Blutjung, mit 17 Jahren, heiratete Grethe den Besitzer einer Süßwaren-Fabrik, Josef Weiser. Mit ihm ging sie nach Berlin. Ihr Mann Josef pachtete ein Kabarett am Kurfürstendamm – das «Charlott», und dort probte sie fleißig und hatte ihre ersten kleinen Auftritte als Diseuse. Sie nahm Gesangsunterricht und wurde dann Elevin an der Volksbühne. Es folgten Bendows Bunte Bühne, das Kabarett der Komiker, die Komische Oper und immer wieder Auftritte im berühmten Wintergarten-Varieté.

Das Glück mit Josef bröckelte, da Josef sein Hobby, das Fremdgehen, nicht in den Griff bekam. Auch passte ihm nicht, dass seine Frau Geld verdiente. Sie trennten sich im Guten voneinander. Grethe musste sich und ihren Sohn Günther von nun an alleine durchbringen. Sie nahm deswegen bis zu drei Engagements am Abend an, häufig fuhr sie im Taxi von Theater zu Theater, manchmal übernahm es ein Freund. Im Wagen wechselte sie schnell ihre Kostüme, und so kam es, dass sie einmal die Kostüme verwechselte und mit dem falschen Kostüm auf der Bühne stand. Da sie nicht auf den Mund gefallen war, erzählte sie den schmunzelnden Zuschauern von ihrem Missgeschick und erntete einen extra Applaus.

Mit dem Taxi blieb Grethe ab und an auch mal im Berliner Verkehr stecken. Sie kam dann meistens zu spät zur ihrem Auftritt. So verspätete sich Grethe auch eines Abends in der Komischen Oper und raste die Treppe zur Garderobe hinauf, der Inspizient hielt sie auf und sagte ganz ruhig: «Guten Abend, Frau Weiser! Sie sind bereits aufgetreten!»[1]

Man wurde auf Grethe für den Film aufmerksam. In *Männer vor der Ehe* (1927) stand sie das erste Mal vor der Kamera, wurde aber nicht im Abspann erwähnt. Sie spielte gleich beim ersten Mal ein Dienstmädchen – diese Rolle sollte sie noch unzählige Male spielen. Grethe wurde seitdem fast ausschließlich in wichtigen Nebenrollen als schlagfertige Dienstbotin besetzt. Sie selbst sagte dazu: «Ich spielte Zofen und trug die abgelegten Kleider von Lilian Harvey.»[2]

Ab 1933 drehte sie dann regelmäßig Filme. Mit der Filmerei füllte sich auch ihr Portemonnaie. Die kleine, zierliche Grethe leistete sich einen Hanomag, einen riesen Schlitten, den sie liebend gerne den Kurfürstendamm auf und ab kutschierte. Eines Tages rief ihr Kollege Georg Thomalla bei ihr an: «Grethe sag mal, ist dir dein neuer Wagen ausgerissen?» – «Nein wieso? Er steht in der Garage!» – «Aber ich habe ihn doch gestern mutterseelenallein durch die Straßen fahren sehen!»[3]

1934 ließ Grethe sich von ihrem Mann scheiden, allerdings war ihr Solodasein nur von kurzer Dauer. Bei Henry Bender in der Meinekestraße 10 traf sie auf Dr. Hermann Schwerin, mit dem sie fast 25 Jahre ohne Trauschein zusammenlebte.

Mit *Die göttliche Jette* (1937), neben Victor de Kowa, hatte sie ihre erste große Hauptrolle. Sie konnte sich selbst spielen, denn der Film zeigt sie als junge Sängerin, die sich mit gesundem Selbstbewusstsein und Berliner Klappe behauptet und zum gefeierten Star wird. Als sie später einmal gefragt wurde, woher sie ihr Mundwerk hätte, antwortete sie: «Ich wurde als Kind mit einer Grammophonnadel geimpft.»[4]

Mit zunehmenden Erfolg stiegen auch die Ansprüche. Sie zog in eine etwas noblere Behausung im Grunewald, allerdings machte der Bombenhagel über Berlin nicht vor der «Millionärskolonie» halt, und Grethe wurde 1944 ausgebombt. Sie ging zunächst zu ihrem Bruder nach Wernigerode und später nach Hamburg. 1954 konnte sie es vor Heimweh nicht mehr aushalten und kam nach Berlin zurück. Sie entschloss sich «für ein idyllisch gelegenes Ruinengrundstück im Grunewald, Herthastraße 17a».[5] Darauf errichtete sie ihr Traumhaus, ihre «Laube», wie Grethe ihr Häuschen nannte und bezog es mit ihrem Lebensgefährten Hermann Schwerin und ihren zahlreichen Hunden. Grethe erzählte gerne, dass sie mit der Kaiserin Soraya verwandt sei, denn eines ihrer Yorkshire-Terrier war das Brüderchen des Terriers von Kaiserin Soraya.

Ihre Freundin, die Journalistin Cornelia Herstatt, hatte ihr in der Zeitung einen Artikel zur Begrüßung gewidmet. «Nun wohnt die Weiser mit ihren Hunden und ihrem herrlichen Schmuck endlich in einem ... würdigen Rahmen.» Grethe war entsetzt und rief bei ihrer Freundin an: «Bist du wahnsinnig? Wie kannst du den Leuten erzählen, ich habe meinen Schmuck im Haus! Das lockt doch die Diebe an!» Am nächsten Tag stand in der Zeitung, dass der Schmuck von Grethe natürlich im Safe einer Bank liegen würde. Daraufhin kam ein großer Blumenstrauß ins Haus mit einem Lederbeutel, wo Brot und Salz und ein paar blanke Pfennige enthalten waren. Anbei befand sich ein kleines Briefchen vom Sparverein Berlin West – einem früheren Ringverein – dessen Mitglieder eher selten eine weiße Weste besaßen. Im Brief stand: «Liebe Grethe, auch wir freuen uns, det Du wieder in Berlin bist. Aber mach Dir nu keene Sorgen – wir passen uff Dir uff!»[6]

Grethe liebte Schmuck und Pelze. Ihre Diamanten nannte sie «ihre Brummer». Hubert von Meyerinck, Grethes Kollege und Freund, sagte einst schmunzelnd über seine Freundin Grethe: «Ihre 10 bis 20 goldenen Armbänder klingeln. Sie trägt außerdem zwei Ringe aus Platin. So dick, dass man einen kräftigen Mann damit niederboxen könnte, und einen Saphir, einer regierenden Fürstin würdig.»[7] Trotz ihrer Pelze, in denen sie aus dem Haus ging, hieß es über sie, dass sie sich oft belegte

Brote zur Arbeit mitnahm. Das Butterbrotpapier soll sie immer zusammengefaltet und wieder mit zurückgebracht haben.

Grethe liebte es, daheim für ihre Freunde und Kollegen zu kochen, aber genauso gerne ging sie Essen. Gunther Phillip erinnert sich, wie er mit Grethe nach Dreharbeiten ein Nobelrestaurant ansteuerte. Grethe fragte den Ober: «Was ham' Se zu bieten, Herr Oba?» – «Frau Weiser, heute hätten wir Austern, Hummer, Krebse und Schnecken.» Grethe darauf: «Hör'n Se mal, mein Gutester, ich will nich Ihr Ungeziefa vertilgen, ich will speisen!»[8] Gunther Phillip liebte Grethes typische «Berliner Schnauze» und nannte sie ein «Elementarereignis».

Nach 23-jähriger Beziehung heiratete sie in ihrer Laube im Grunewald ihren Hermann. Sie hatte einen Bandscheibenvorfall und dachte, es gehe mit ihr zu Ende und wollte nun ihre Beziehung legitimieren. Der Standesbeamte kam ausnahmsweise zu Grethe nach Hause und nahm dort die Eheschließung vor. Sie habe auf einer Bahre gelegen und Tränen der Freude und des Schmerzes vergossen, erzählte sie. Nur ihr Bruder Ernst Nowka und Managerin Toni Mackeben waren als Trauzeugen dabei. «Nun kann ich ruhig sterben»[9], meinte Grethe, stattdessen düste sie nach der Trauung auf ihr Anwesen auf Ischia ab.

Wie so häufig, wenn Paare Jahre zusammen leben und dann heiraten, begann die Beziehung nach der Hochzeit zu bröckeln. Hermann verguckte sich in eine jüngere Schauspielerin und verließ Grethe. Das konnte die Weiser nicht ertragen. Sie magerte ab, rauchte wie ein Schlot und täuschte einen misslungenen Selbstmordversuch vor. Mit dem Wissen, rechtzeitig entdeckt zu werden, nahm sie in ihrer Laube Schlaftabletten, ein Risiko – aber dennoch. Als die *Münchener Tageszeitung* davon Wind bekam, riefen sie direkt bei Grethe in Berlin an, und sie nahm persönlich den Hörer ab. An die Öffentlichkeit sollte das Geschehene nicht gelangen. Sie antwortete lachend: «Ich und Selbstmord? Wer hat Ihnen den Bären aufgebunden? Ich sitze hier beim Frühstück und lege Patience!»[10] Hermann Schwerin kam zu Grethe zurück, und als sie ihren 60. Geburtstag feierte, schien es, als wäre nie etwas Negatives passiert.

Noch ein Mal zog sie Ende der sechziger Jahre um. Grethe verkaufte ihre Laube und überraschte ihren Mann mit vollen-

Grethe Weiser, 1960

deten Tatsachen. Er war gar nicht begeistert, da er das Haus in der Natur des Grunewaldes liebte. Sie hingegen war ein Stadtmensch und meinte: «Ich brauche eine Stadtwohnung mit Rückspiegel zum Kurfürstendamm.»[11] Die Giesebrechtstraße entsprach dem, und man bezog die Räume, in denen Hermann Schwerin gerade seine Fono-Filmgesellschaft abgewickelt hatte.

Grethe liebte es, über den Ku'damm zu flanieren und dabei erkannt zu werden. Sie ging sogar selbst auf den Wochenmarkt in der Krummen Straße oder zum Bäcker und der Fleischerei und genoss es, dort besonders zuvorkommend bedient zu werden. Ihre letzten beiden Lebensjahre verbrachte sie dort.

Sie starb in Bad Tölz bei einem Autounfall. Ihr Mann fuhr den Wagen und kam ebenfalls ums Leben.

Künstlerbiografien

Hans Albers

22. September 1891 – Hamburg bis 24. Juli 1960 – Kempfenhausen

1891 geb. als Hans Philipp August Albers, Sohn des Schlachtermeisters Philipp Albers und Frau Johanna

1907 kaufmännische Lehre, Abbruch und heimlich privater Schauspielunterricht

1911 kleine Bühnenauftritte in Frankfurt/M., div. Sommerbädern und HH-Altona

1915 spielt nach *Jahreszeiten des Lebens* in über 70 Stummfilmen bis 1929 mit; A. wird zum Militär eingezogen und kämpft im I. Weltkrieg an der Westfront

1917 nach Genesung von zwei Verwundungen nach Berlin, Engagements an verschiedenen Theatern und regelmäßig Nebenrollen beim Stummfilm;

1925 verliebt sich in jüdische Schauspielerin Hansi Burg

1928 erster Bühnenerfolg am Deutschen Theater als Kellner in *Die Verbrecher*

1929 Rolle des Rennfahrers im ersten deutschen Tonfilm *Die Nacht gehört uns* macht A. zum Star; in *Der blaue Engel* neben Marlene Dietrich

1931 Hauptrolle über 1800 Mal in *Liliom* an der Volksbühne; es wurde seine Paraderolle, die auch Charlie Chaplin bewunderte

1932 erster ganz großer Filmerfolg in *F.P. 1 antwortet nicht*; Hauptrolle des Ellissen sollte zuerst Conrad Veidt spielen, der sie in der engl. Version spielt; Schlagerhit daraus: *Das Fliegerlied*

1933 kauft Anwesen am Starnberger See, versucht sich dort mit Lebensgefährtin Burg dem NS-System zu entziehen; *Liliom* wird verboten, spielt deshalb bis 1945 kein Theater; A. meidet Filmpremieren und Partys mit Parteigrößen der NSDAP; er dreht weiter Filme und erhält die höchsten Gagen Deutschlands

1938 Hansi Burg flieht über die Schweiz ins Exil nach London

1943 Hauptrolle im Farbfilm *Münchhausen*, Drehbeginn von *Große Freiheit Nr. 7*, der verboten wurde und erst nach dem Krieg ein großer Erfolg wird

1946 spielt wieder *Liliom* im Berliner Hebbel-Theater; Hansi Burg kehrt aus Londoner Exil zurück

1947 dreht während seines Entnazifizierungsverfahrens seinen ersten Nachkriegsfilm *Und über uns der Himmel*

1954 in *Auf der Reeperbahn nachts um halb eins* großer Erfolg neben H. Rühmann

1960 24. Juli, Hans Albers stirbt im Sanatorium in Kempfenhausen (heute zu Berg) an schweren inneren Blutungen

Lida Baarova

16. November 1914 – Prag bis 28. Oktober 2000 – Salzburg

1914 geb. als Ludmilla Babková, Tochter von Karel Babka, leitender Beamter des Prager Magistrats und der Opernsängerin Ludmila;
B. erhält Tanzunterricht vor der Einschulung

1921 Volksschule, dann Real-Gymnasium,
Wechsel an das Prager Konservatorium, spielt als Statistin beim Film

193 erste Rolle in *Kariéra Pavla Camrdy* unter Pseudonym Lida Baarova, da es Studenten verboten ist zu drehen, wird entdeckt und verlässt Konservatorium

1931 zehn Filme bis 1933 in Prag, zwei Filme mit Regisseur Karel Lamacs, er wird ihre erste Liebe, nachdem sie unter der Regie von Karel Anton *Jsem devce s certem v Tele* spielte, wurde Anton ihr neuer Liebhaber

1934 Hans Söhnker trifft B. in Prag, er vermittelt sie zur Ufa; in Berlin erste Hauptrolle in *Barcarole* neben Gustav Fröhlich, Fröhlich und B. werden ein Paar
1935 bis 1938 zehn Filme für die Ufa, u.a. *Ein Teufelskerl*, *Stunde der Versuchung*, *Einer zuviel an Bord*
1936 Propagandafilm *Verräter*; Film wird beim Festival in Venedig ausgezeichnet; dt. Premiere auf dem 8. Parteitag der NSDAP in Nürnberg; B. und Propagandaminister Goebbels werden ein Liebespaar
1937 Propagandafilm *Patrioten*; Probeaufnahmen für MGM in London
1938 im Oktober Unterbindung der Liaison Goebbels/B. durch Hitler, es folgen Auftritts- und Ausreiseverbot; *Preußische Liebesgeschichte* wird verboten und kommt erst 1950 ins Kino; im Nov. Flucht nach Prag
1939 Mai: aus finanz. Gründen will Ufa-Chef Greven *Preußische Liebesgeschichte* doch herausbringen, B. kommt nach Berlin zurück, um Berlin gleich wieder zu verlassen, Greven wird fristlos entlassen
1941 dreht in Prag Filme bis zum Verbot durch deutsche Behörden
1942 geht mit Schwester Zorka nach Rom, dreht fünf Filme; wird 1943 von deutschen Besatzungsbehörden gezwungen nach Prag zurückzukehren
1945 Flucht aus Prag zu Hans Albers nach Garatshausen; US-Army schickt sie von dort nach Prag zurück, dort wird sie wegen Kollaboration eingesperrt
1946 Selbstmord der Schwester Zorka; Lida wird zu Weihnachten entlassen
1947 heimliche Heirat von Jan Kopecky, der daraufhin seine Arbeit verliert
1948 Flucht nach Österreich; B. trifft auf Schönheitschirurgen Dr. Kurt Lundwall
1949 Heinz Rühmann versucht vergeblich, ihr in München einen Neustart zu ermöglichen; beide hegen Sympathie seit Berliner Tagen
1950 B. filmt in Italien, Höhepunkt ist 1953 in Fellinis *I Vitelloni*
1956 letzter Film *Rapsodia de Sangre*; Scheidung von Kopecky; Umzug in die Nähe Dr. Lundwalls nach Salzburg; spielt Theater
1960 erstmalig Theater in Dtl. in Düsseldorf, Tourneen durch die Bundesrepublik
1969 Heirat mit Dr. Lundwall, der 1972 stirbt; Erbrechtsstreit mit dessen Kindern
1990 erster Besuch ihrer Heimatstadt Prag; 1991 Veröffentlichung der Memoiren *Die süße Bitterkeit meines Lebens*
2000 - 28. Oktober, Lida Baarova stirbt in Salzburg

Anita Berber

10. Juni 1899 – Leipzig oder Dresden bis 10. November 1928 – Berlin

1899 geb. als Tochter des Geigenvirtuosen Felix und der Sängerin und Tänzerin Lucie Berber
1902 Scheidung der Eltern
1906 B. wächst bei Großmutter in Dresden auf, geht auf höhere Töchterschule
1914 B. geht zur Mutter und Großmutter Thiem nach Berlin
1915 Schauspielunterricht bei Maria Moissi; Tanzunterricht bei Rita Sacchetto
1916 Erster Auftritte mit Tanzschule Sacchetto
1917 Trennung von R. Sacchetto; Engagements am Apollo-Theater, der Nelson-Bühne und im Wintergarten-Varieté; Tour durch Europa
1918 erster Film *Das Dreimädlerhaus* neben Conrad Veidt, Oswald engagiert sie weiter für seine Aufklärungsfilme, dreht 23 Filme, davon zehn mit Veidt
1919 Ehe mit Eberhard von Nathusius; B. spielt im ersten Film über Homosexualität *Anders als die Andern*
1920 internationale Tourneen; steigt zum Star des Berliner Nachtlebens auf, Skandale als Nackttänzerin, Alkoholikerin, Drogensüchtige und wegen ihrer Affären

1922 Trennung von ihrem Mann, geht zu ihrer Geliebten Susi Wanowsky; mit Partner Sebastian Droste Gastspiel in Wien, wo es zu Skandalen kommt
1923 Trauung mit Droste in Budapest; Rückkehr nach Berlin; Droste verschwindet mit Anitas Schmuck und reist nach New York; beide sind kokainabhängig
1924 Heirat mit amerikanischem Tänzer Henri Chatin-Hofmann am 10. Sept.; gemeinsame Auftritte im Club *Weiße Maus*, es kommt zu Tumulten
1925 Tournee durch Deutschland
1926 Skandal mit Verhaftung in Prag
1927 Tournee mit Henri durch Nahen Osten
1928 Zusammenbruch auf der Bühne in Damaskus; Anita Berber stirbt am 10. November im Bethanien-Krankenhaus in Berlin-Kreuzberg

Marlene Dietrich

27. Dezember 1901 – Schöneberg bis 6. Mai 1992 – Paris

1901 geb. als Maria Magdalena Dietrich, zweite Tochter des Königl. Polizeileutnants Louis Erich Otto Dietrich und seiner Frau Wilhelmina Elisabeth Josephine (geb. Felsing) in Schöneberg; D. gab ihr Geburtsjahr immer mit 1904 an
1908 Tod des Vaters; Mutter heiratet Leutnant Edouard von Losch, der 1916 im I. Weltkrieg fällt
1918 bis 1921 Musikhochschule Weimar, Ausbildung zur Konzertgeigerin
1921 weiteres Studium in Berlin, Abbruch wegen Sehnenentzündung; Fotomodell
1922 spricht bei Max Reinhardt vor, wird nicht aufgenommen; Privatunterricht bei Berthold Held, Leiter der Reinhardtschen Schauspielschule; Statistenrollen an versch. Berliner Bühnen; erster Film *So sind die Männer*
1923 D. wird von Joe Mays Regieassistenten Rudolf Sieber für dessen Vierteiler *Tragödie der Liebe* engagiert; 17. Mai Heirat mit Sieber
1924 12. Dezember, Geburt der Tochter Maria
1927 *Café Electric* in Wien neben Willi Forst, lernt die «singende Säge» spielen
1928 Erfolg in Marcellus-Schiffer-Revue *Es liegt in der Luft*, Aufsehen durch Duett mit Margo Lion *Wenn die beste Freundin*
1929 Hauptrolle in *Der blaue Engel* unter Josef von Sternberg – ihr Durchbruch
1930 Febr. 7-jähriger Vertrag bei Paramount-Pictures; 1. April nach Premiere im Gloria-Palast in die USA; mit Sternberg sechs weitere Filme in Hollywood: *Marocco* (1930), *Dishonored* (1931), *Shanghai Express* (1932), *Blonde Venus* (1932), *The Scarlett Empress* (1934), *The Devil ist a Woman* (1935)
1936 2. April, Welt-Premiere von *Desire* in Berlin, letzter Film der D., der in Nazi-Dtl. gezeigt wird; Goebbels versucht D. nach Deutschland zurückzulocken, je Film soll sie 200.000 RM erhalten, bei freier Wahl des Stoffes, des Produzenten und Regisseurs, D. lehnt ab; bis 1939 in Hollywood unter den Regisseuren Ernst Lubitsch, Billy Wilder, Alfred Hitchcock und Orson Welles
1939 9. Juni US-Staatsbürgerin
1943 ab März zur US-Truppenbetreuung in Nordafrika, Italien und Frankreich
1945 kommt mit den amerikanischen Truppen im September nach Berlin, um ihre Mutter letztmalig zu sehen, Josephine Losch stirbt im November
1947 erhält «Medal of Freedom», höchster Orden des US-Kriegsministeriums für Zivilisten und 1950 von der franz. Regierung die Auszeichnungen «Chevalier de la Légion d'Honneur» und «Officier de la Légion d'Honneur»
1953 Beginn der 2. Karriere in Las Vegas als Chansonstar
1960 Europatournee, bei der sie auch nach Berlin kommt, Bewunderung und zugleich Ablehnung wegen «Landesverrats» schlagen ihr entgegen

1961 letzte große Rolle in *Judgement at Nuremberg* (Das Urteil von Nürnberg)
1975 letzter Bühnen-Auftritt in Sydney; lebt zurückgezogen in Paris
1978 letzter Filmauftritt in *Schöner Gigolo, armer Gigolo*
1983 *Marlene*, Filmportrait von Maximilian Schell, in dem nur ihre Stimme zu hören ist
1987 Veröffentlichung der Memoiren *Ich bin, Gott sei Dank, Berlinerin*
1992 6. Mai, D. stirbt in Paris, Beisetzung in Bln.-Friedenau in der Nähe ihrer Mutter

Willy Fritsch

27. Januar 1901 – Kattowitz/Polen bis 13. Juli 1973 – Hamburg

1901 geb. als Wilhelm Egon Fritz Fritsch, Sohn des Landwirts und Maschinenfabrikanten Lothar Fritsch und dessen Frau Anni (geb. Bauckmann)
1910 Bankrott des Vaters, der nach Berlin geht, Familie folgt 1912
1915 Mechanikerlehre, Abbruch, er arbeitet beim Berliner Landgericht II
1919 Schauspielunterricht, kleinere Rollen am Deutschen Theater
1921 erste unbedeutende Filmrolle
1923 erste Hauptrolle in *Seine Frau, die Unbekannte*, Vertrag mit der Ufa, F. spielt in 20 Stummfilmen zumeist den jugendlichen und charmanten Liebhaber
1926 mit Lilian Harvey in *Die keusche Susanne*, sie werden auch privat ein Paar
1929 erster Tonfilm *Melodie des Herzens*, er nimmt dafür Gesangunterricht
1929 mit *Liebeswalzer* werden F. und Harvey zum «Traumpaar des dt. Films»; es folgen *Hokuspokus* (1930), *Die drei von der Tankstelle* (1931), *Der Kongreß tanzt* (1931) und *Ein blonder Traum* (1932)
1935 *Amphitryon*, musikalische Komödie
1937 Heirat mit der Wiener Schauspielerin Dinah Grace (geb. Ilse Schmidt), Sohn Michael wird geboren
1939 *Frau am Steuer* wird letzter Film mit L. Harvey, bevor diese emigriert; F. bleibt «Aushängeschild» der Ufa mit einer Jahresgage von 480.000 RM
1944 16. Januar, Sohn Thomas wird geboren, wird ebenfalls Schauspieler; F. wird Mitglied der NSDAP
1945 nach Kriegsende Umzug nach Hamburg
1947 in *Film ohne Titel* persifliert F. sein Liebhaber-Image
1950 dreht seichte Unterhaltungs- und Heimatfilme
1953 spielt in *Wenn der weiße Flieder wieder blüht* den Vater von Romy Scheider, deren Filmdebüt, auch Götz Georges erster Film
1963 zieht sich nach dem Tod seiner Frau aus der Öffentlichkeit zurück; Autobiographie *... das kommt nicht wieder*
1964 letzter Kinofilm *Das hab' ich von Papa gelernt* mit Sohn Thomas
1965 Deutscher Filmpreis
1973 am 13. Juli stirbt Willy Fritsch in Hamburg

Gustav Fröhlich

21. März 1902 – Hannover bis 22. Dezember 1987 – Lugano

1902 geb. als Gustav Friedrich Fröhlich, Sohn des Ingenieurs Karl-Friedrich F. und seiner Frau Hedwig Therese Sophie
1908 Volksschule in Wiesbaden
1912 Realgymnasium Berlin-Fiedenau
1919 Volontariat bei der *Niedersächsischen Landeszeitung* in Celle; Schauspielunterricht in Heilbronn, erste Engagements

1921 Engagement in Berlin am Neuen Volkstheater in der Köpenicker Straße
1922 erster Stummfilm *Paganini* neben Conrad Veidt
1925 Volksbühne am Bülowplatz in Berlin, auch am Stuttgarter Staatstheater
1926 Hauptrolle als Freder Fredersen in Fritz Langs *Metropolis*
1928 Hauptrolle in Joe Mays Produktion *Heimkehr*, ein Jahr später in *Asphalt*
1930 zu Warner Bros. nach Hollywood, dreht deutsche Versionen von amerikanischen Spielfilmen *Die heilige Flamme* und *Kismet*
1931 5. April, Heirat der ungar. Opernsängerin Gitta Alpar in Berlin-Zehlendorf
1934 Alpar emigriert wegen jüdischer Abstammung; Geburt der Tochter Julika
1935 Scheidung; beim Dreh des Filmes *Bacarole* lernt F. Lida Baarova kennen, sie leben zusammen bis zur Auseinandersetzung mit Goebbels 1937
1941 Jan., Heirat mit Prager Wäsche-Verkäuferin Maria Hajek; unter Veit Harlan *Der große König*, 18 Mon. Wehrdienst im Posener Landschützen-Regiment
1945 zieht nach München; spielt am Brunnenhoftheater, schreibt Stücke und inszeniert sie, u.a. *Die große Pause*, führt verschiedentlich Regie
1951 neben Hildegard Knef im skandalumwitterten Film *Die Sünderin*; Mitglied von Gründgens Ensemble am Düsseldorfer Schauspielhaus
1953 Renaissance Theater in Berlin und Zürcher Schauspielhaus
1956 zieht sich vom Film zurück; lebt am Lago Maggiore in Brissago; spielt bei Festspielen in Bad Hersfeld und Bad Gandersheim sowie an verschiedenen anderen Bühnen
1986 Auftritt bei den Berliner Filmfestspielen zur Präsentation der bearbeiteten Fassung von *Metropolis* durch Giorgio Moroder
1987 am 22. Dezember stirbt Gustav F. nach einer Prostata-Operation in Lugano

Valeska Gert

11. Januar 1892 - Berlin bis 15. März 1978 - Kampen/Sylt

1892 geb. als Gertrude Valeska Samosch, Tochter eines Kunstblumenfabrikbesitzers
1904 Tanzunterricht bei Rita Saccheto; nach Schulabschluss Sekretärin, schreibt amüsante Aufsätze über Mode; Schauspielunterricht bei Maria Moissi
1914 tanzt bei einer Berliner Tanzgruppe mit und entwirft erste eigene Tänze
1916 nennt sich nur noch Valeska Gert
1917 wird von der Ufa kurz engagiert, um in den Pausen zwischen Stummfilmen zu tanzen; ein Jahr Statistin an den Münchener Kammerspielen; spielt am Deutschen Theater exzentrische Figuren
1918 geht mit Eric Charell auf Tournee durch Rumänien
1919 im linken Kabarett «Tribüne» in Berlin, Kostümentwürfe für ihre Grotesktänze
1924 Entdeckung für den Film als exzentrische Figur, u.a. in *Sommernachtstraum* (1924), *Die freudlose Gasse* (1925), *Alraune* (1927), *Die Dreigroschenoper* (1931); betreibt eigenes Kabarett «Kohlkopp»; Artikel für versch. Zeitungen, z.B. *Die Weltbühne*, *Berliner Tageszeitung* und *Querschnitt*; spielt immer wieder unter Brecht; Tournee durch die UdSSR
1930 lernt in Moskau Sergei Eisenstein kennen, er reist ihr hinterher; Auftritte in Friedrich Hollaender-Revue im Renaissance-Theater
1933 letzte Auftritte, wegen ihrer jüdischen Abstammung, in den Münchener Kammerspielen, dann Paris, London und Budapest; immer wieder in Berlin bei Aribert Wäscher
1936 nach 17 Jahren Trennung von ihrem ersten Mann, dem buddhistischen Arzt Helmuth von Krause; durch Heirat mit englischem Schriftsteller erhält sie britischen Pass; Auftritte in London, Paris und New York

1938 Emigration in die USA; scheitert in Hollywood; geht nach New York
1941 Eröffnung der «Beggar Bar» in Greenwich Village in New York
1944 Eröffnung eines Restaurants in Provincetown
1947 geht in die Schweiz
1948 Rückkehr nach Berlin; Tanzabende im Renaissance-Theater; Eröffnung des Kabaretts «Die Hexenküche», führt es sieben Jahre lang
1950 Eröffnung des «Ziegenstalls», einer Nachtbar in Kampen/Sylt
1965 Film-Comeback in *Julia und die Geister* von Federico Fellini , es folgen u.a. TV-Serie *Acht Stunden sind kein Tag* (1972) von R.W. Fassbinder, *Der Fangschuß* (1976) unter Volker Schlöndorff
1978 am 16. März stirbt Valeska Gert in Kampen

Käte Haack

11. August 1897 – Charlottenburg bis 5. Mai 1986 – Berlin

1897 geb. als Sophie Isolde Haack, Tochter des Kaufmanns, Grundbesitzers und Stadtverordneten Karl Wilhelm Paul Haack und Frau Sophie Margarethe (geb. Jahn); Kätes Mutter war mit dem Turnvater Jahn verwandt
1913 Charlottenburger Privatlyzeum; erhält Schauspielunterricht
1914 erste Bühnenerfahrung am Stadttheater Göttingen
1915 an verschiedenen Berliner Theatern, hauptsächlich Lessing-Theater; Heirat des Schauspielers Heinrich Schroth; erster Stummfilm, es folgen fast 20 Stummfilme
1922 Geb. der Tochter Hannelore Schroth (sie wird ebenfalls Schauspielerin, Ehe mit Kollegen Carl Heinz Schroth); spielt nach der Geburt u.a. im Theater am Kurfürstendamm, der Tribüne und im Theater am Schiffbauerdamm
1930 Engagement am Deutschen Theater; erster Tonfilm unter Richard Oswald *Alraune*, von nun meist mütterliche Rollen wie in *Emil und die Detektive* (1931); viele wichtige Nebenrollen: *Berlin Alexanderplatz* (1931), *Der Hauptmann von Köpenick* (1931), *Quick* (1932), *Wilhelm Tell* (1934), *Der Schritt vom Wege* (1939), *Münchhausen* (1943); als Staatsschauspielerin Mitglied des Preußischen Staatstheaters
1945 in *Dr. phil. Doederlein*; Kriegsende in Glienicke bei Berlin; tritt im Herbst bereits wieder in der Tribüne auf und an anderen Berliner Bühnen
1947 erster Nachkriegsfilm *Und finden dereinst wir uns wieder*; wieder regelmäßig in wichtigen Nebenrollen des deutschen Films
1952 Kleine Komödie in München, weiter auch an Berliner Bühnen; Tourneen
1962 TV-Produktion *Unsere Jenny*, dreht nun viel für das Fernsehen
1971 Memoiren *In Berlin und anderswo*; Theater-Tourneen durch den deutschsprachigen Raum, vor allem mit ihrer Paraderolle als Mrs. Higgens in *My Fair Lady*
1983 letztmalig vor der Fernsehkamera für einen *Tatort* Krimi
1986 am 5. Mai verstirbt Käte Haack in ihrer Wohnung am Lietzensee

Lilian Harvey

19. Januar 1906 – London bis 27. Juli 1968 – Juan-les-Pins/Frankreich

1906 geb. als Lilian Helen Muriel Pape, Tochter von Ethel Pape (geb. Laughton); Vater Walter Bruno P. war Kaufmann und nicht ihr leiblicher Vater
1912 Einschulung in London
1914 bei Kriegsausbruch in Berlin, Familie kann nicht nach England zurück, zieht in die Cranachstraße in Friedenau; H. besucht die Königin-Luise-Schule

1916 H. geht zu ihrer Tante in die Schweiz
1918 kommt nach Kriegsende nach Berlin zurück; besucht das private Lyzeum Schöneberg, erhält Geigen- und Klavierunterricht; Ballettstunden bei Kati Erika Jüterborg bezahlt sie von ihrem Taschengeld
1923 Abitur, dann Ballettschule der Charlottenburger Oper; erste Engagements als Tänzerin in der Tschechoslowakei, Ungarn und Österreich; nimmt den Mädchennamen Harvey ihrer Großmutter an
1924 erster großer Bühnenerfolg in Wien in der Revue *Wien gib' acht!*; erste Filmrolle in *Der Fluch;* in Berlin schließt H. einen Siebenjahresvertrag mit dem Regisseur und Produzenten Richard Eichberg
1925 Hauptrolle in *Leidenschaft*; *Liebe und Trompetenblasen* wird erster Erfolg
1926 Eichberg bringt H. mit Willy Fritsch in *Die keusche Susanne* zusammen, es folgen elf weitere Filme des Paares und eine 7-jährige private Beziehung; H. bekommt Angebot der Ufa; auch Universal aus Amerika hat Interesse
1928 Ufa löst H. aus ihren Eichberg-Vertrag aus
1930 erster Tonfilm *Liebeswalzer* (1930), H. wird mit Fritsch zum «Traumpaar des deutschen Films», sie sind die beliebtesten deutschen Filmstars, es folgen Filmhits wie *Die Drei von der Tankstelle* (1930), *Der Kongreß tanzt* (1931); H. wird internationaler Star, da sie auch auf Englisch und Französisch dreht
1931 Kauf der Villa Asmodeé in Südfrankreich
1932 *Ein blonder Traum* (1932) macht H. in Deutschland zum «süßesten Mädel der Welt», lernt bei Dreharbeiten den Regisseur Paul Martin kennen, der Willy als Partner ablöst; H. unterzeichnet Vertrag mit der 20th Century Fox
1933 geht mit Martin in die USA, ohne großen Erfolg vier Filme in Hollywood
1935 Rückkehr im Januar; dreht in England *Invitation to the Waltz*; neuer Ufa-Vertrag unter Bedingung, dass Martin ihre Filme inszeniert und die Filmgagen in Devisen gezahlt werden
1936 Erfolg mit *Glückskinder* und *Sieben Ohrfeigen*; kauft ungar. Gut Tetétlen
1937 in *Fanny Eisler* erstmals ernsthaftere Rolle; H. hilft ihrem Choreographen Jens Keith aus dem Gefängnis und zur Flucht in die Schweiz, wird von der Gestapo vernommen und überwacht, H. beschwert sich bei Goebbels und wird in Ruhe gelassen; hilft weiterhin jüdischen Kollegen
1938 Trennung von Martin; dreht unter Karl Ritter *Capriccio*
1939 nach *Frau am Steuer* verlässt H. Dtl. und geht nach Frankreich; ihr Vermögen in Dtl. wird 1943 beschlagnahmt
1940 H. finanziert ihre Filme *Sérénade* und *Miquette*, beides Misserfolge; nach Einmarsch der Deutschen tritt H. bei fr. Truppenbetreuungen auf; erhält die Auszeichnung «Citation à l'Ordre de l'Armée» und wird Patin des 157. Artillerieregiments
1941 nach Beverly Hills, da Besetzung Südfrankreichs durch dt. Truppen droht
1942 ehrenamtlich als Schwesternhelferin beim Roten Kreuz in Los Angeles
1943 2. Februar, H. wird deutsche Staatsbürgerschaft aberkannt
1943 Hauptrolle im Theaterstück *Blithe Spirit*, ist so erfolgreich, dass H. damit durch die USA tourt, es folgen Engagements an verschiedenen Bühnen
1944 Mitarbeit an Radiosendungen und Benefizveranstaltungen
1946 Dezember, H. geht zurück nach Paris
1947 Engagement in der Revue *Paris s'amuse*, Tourneen bis 1948 durch die französische Provinz, Belgien, Skandinavien und Ägypten
1949 im September kommt H. erstmals nach Deutschland und Berlin zurück und wird frenetisch empfangen, bis 1953 auf Tournee
1953 Heirat des dänischen Theateragenten Hartvig Valeur-Larsen

1955 Tournee in der DDR; lernt Else-Pitty Wirth kennen, die ihre Lebensgefährtin und Mitarbeiterin wird
1957 Scheidung von Valeur-Larsen; H. erhält Rente als Wiedergutmachung für ihr beschlagnahmtes Vermögen
1957 H. lebt mit Wirth in der Villa Asmodeé; eröffnet in Juan-les-Pins eine Boutique und vermietet Ferienbungalows
1961 versucht vergebens Comeback am Theater in Deutschland
1965 erhält das Filmband in Gold für ihr Lebenswerk
1967 «Bambi» für langjährige Verdienste um den deutschen Film
1968 am 27. Juli stirbt Lilian H. in Juan-les-Pins an einer verschleppten Gelbsucht

Trude Hesterberg

2. Mai 1897 - Berlin bis 31. August 1967 - München

1892 geb. als Gertrud Hesterberg, Tochter eines Kaufmanns; Gesangsunterricht bei einer Tante, die Wagner-Sängerin ist, Ausbildung am Sternschen Konservatorium
1912 durch Vermittlung Felix Hollaenders erster Auftritt am Deutschen Theater in Molières *George Dandin* neben Alexander Moissi
1914 wechselt zum Kabarett nach Köln und München, kommt nach Berlin ans Theater am Nollendorfplatz zurück als Massarys Vertretung, wechselt ans Metropol-Theater; vertritt in *Schall und Rauch* die erkrankte Gussy Holl und wird damit in Berlin ein Begriff; Auftritte im Wintergarten-Varieté; als die Theater im I. Weltkrieg schlossen zum Zirkus Renz nach Wien
1918 erster Stummfilm unter und neben Ernst Lubitsch *Der Fall Rosentopf*; Engagement in der Nelson-Revue am Kurfürstendamm
1921 Eröffnung ihres eigenen Kabaretts Die Wilde Bühne im Keller des Theater des Westens
1922 kleine Rolle in *Fridericus Rex* neben Otto Gebühr, H. dreht nun regelmäßig u.a. unter E.A. Dupont *Varieté* (1925) neben Emil Jannings, unter Alexander Korda *Madame wünscht keine Kinder* (1926) Hauptrolle neben Harry Liedtke oder in *Laster der Menschheit* (1927) neben Asta Nielsen
1923 wegen eines Brandes muss Die Wilde Bühne schließen; spielt über einhundert Mal die *Lustige Witwe* in Eric Charells Revue; singt im Admiralspalast ihren Schlager *Eine Frau wie ich, ist 'ne Sache für sich*, das Haus tobte regelmäßig; am Metropol Erfolge in *Pompadur* und *Graf von Pappenheim*
1928 umjubelt für ihren größten Schlagererfolg *Wer wird denn weinen, wenn man auseinandergeht* im Varietétheater Scala und im Großen Schauspielhaus
1929 H. soll Fräulein Fröhlich in der Heinrich Mann-Verfilmung *Professor Unrat* spielen, Josef von Sternberg besetzt die Rolle, die nun «Lola» heißt, mit Marlene Dietrich; das war ein großer Rückschlag für H., da auf ihr Betreiben hin Heinrich Mann das Buch zur Verfilmung freigab
1931 erster Tonfilm *In Wien hab' ich einmal ein Mädel geliebt*; erfolgreicher sind allerdings *Die Nacht der Entscheidung* (1931) neben Conrad Veidt, *Ein blonder Traum* (1932) neben Lilian Harvey, Willy Fritsch und *Der grüne Domino* (1935) neben Brigitte Horney
1934 erfolgloser Versuch mit Kabarett Die Musenschaukel; Auftritte im Kabarett der Komiker am Kurfürstendamm; es wird ruhiger um H.
1945 geht nach München, nachdem ihr Mann von der SS erschossen wurde
1947 *Am Ende der Welt* unter Gustav Ucicky neben Brigitte Horney; wieder regelmäßig vor der Kamera, u.a. *Alraune* (1952) neben Hildegard Knef und Erich

von Stroheim; Hexe im DEFA-Märchen *Die Geschichte vom kleinen Muck*, (1953), Klamaukfilm mit Walter Giller *Der schräge Otto* (1957) unter v. Cziffra
1948 *Kleopatra II* auf der Münchener Bühne, Mrs. Peachum in *Dreigroschenoper*
1957 erster TV-Auftritt in *Smaragden-Geschichten*
1959 Engagement an der Berliner Tribüne
1960 regelmässige Fernseharbeit bis 1964, u.a. *Die Irre von Chaillot* (1960)
1962 stellt im WDR junge Kollegen in der Sendung *Nachmittagsparty* vor
1964 Dez. Hüftgelenkbruch auf einer Bühne in Berlin, erholt sich nicht mehr
1967 am 31. August stirbt Trude Hesterberg in München

Emil Jannings

23. Juli 1884 – Rorschach/Schweiz bis 2. Januar 1950 – Strobl/Österreich

1884 geb. als Theodor Friedrich Emil Janez, Sohn des amerikanischen Kaufmanns Emil Janez und Margarethe (geb. Schwabe) in Rorschach am Bodensee (Schweiz); J. wächst in der Schweiz, in Leipzig und in Görlitz auf
1900 verlässt vorzeitig die Schule, um als Schiffsjunge anzuheuern
1901 volontiert am Stadttheater in Görlitz; legt sich Pseudonym «Baumann» zu und spielt an verschiedenen Theatern in Nürnberg, Leipzig und Königsberg
1914 Deutsches Künstlertheater in Berlin; erste Filmrolle in *Passionels Tagebuch*
1915 am Deutschen Theater Entwicklung zum Charakterdarsteller
1916 dreht unter Robert Wiene *Frau Eva*
1917 dreht erstmals unter Ernst Lubitsch in *Das fidele Gefängnis*
1918 geht zum Berliner Königlichen Schauspielhaus und feiert als Dorfrichter Adam in Kleists *Zerbrochenem Krug* einen seiner größten Bühnenerfolge
1919 mit dem Film *Madame Dubarry* unter Lubitsch gelingt der Durchbruch für J., seine Partnerin Pola Negri und Lubitsch in den USA
1920 verkörpert nun vor allem Herrscherrollen, Filme wie *Die Brüder Karamasoff* (1920), *Anna Boleyn* (1920) oder *Quo Vadis* (1923)
1923 heiratet Gussy Holl, seine dritte Frau
1924 unter der Regie von F.W. Murnau wechselt J. den Rollentypus, u.a. in *Der letzte Mann*, wird zum Meilenstein in der Stummfilmkunst
1926 unter Murnau in *Herr Tartüff* (1926) und *Faust* (1926); Vertrag in Hollywood
1929 16. Mai, erster Oscar als bester Hauptdarsteller für *The Way of All Flesh* (1927) und *The Last Command* (1928) unter Josef von Sternberg; aufgrund des aufkommenden Tonfilmes nach Berlin zurück; Hauskauf in Ströbl am Wolfgangsee (Österr.); Dreharbeiten seines ersten Tonfilms *Der blaue Engel*
1930 Ufa-Vertrag, J. ist einer der bestbezahlten deutschen Filmschauspieler
1933 obwohl kein NSDAP-Mitglied bekennt er sich zu deren Ideologie; verkörpert in Propagandafilmen den «Herrenmenschen», u.a. *Der Herrscher* (1937)
1934 Staatliches Schauspielhaus in Berlin, steht dort letztmalig als Bismarck in Wolfgang Goetz' *Der Ministerpräsident* 1936 auf einer Theaterbühne
1938 Leitung der Tobis-Filmgesellschaft, Produzent eigener Filme; erhält «Adlerschild», eine der höchsten kulturellen Auszeichnungen des NS-Regimes
1939 *Ohm Krüger*, antibritischer Propagandafilm, dafür Titel «Staatsschauspieler»
1941 letzte Hauptrollen im Bismarck-Film *Die Entlassung* (1942), *Altes Herz wird wieder jung* (1943) und *Wo ist Herr Belling?* (1945, nicht beendet)
1945 nach Kriegsende lebenslanges Berufsverbot durch Alliierte, Übertritt zum katholischen Glauben
1947 wird österreichischer Staatsbürger
1950 am 2. Januar stirbt Emil Jannings im österreichischen Strobl

Curd Jürgens

13. Dezember 1915 – München bis 18. Juni 1982 – Wien

1915 geb. als Curd Gustav Andreas Gottlieb Franz Jürgens, Sohn des Hamburger Kaviar-Exporteurs Franz Jürgens und dessen fanzösicher Frau Mouissia Noir
1925 Umzug, Besuch des Herder-Realgymnasiums im Berliner Westend
1933 Reporter beim *8-Uhr-Abendblatt*; lernt Lulu Basler kennen, sie überzeugt J., Schauspielerunterricht zu nehmen
1935 Willi Forst entdeckt J. für den Film, als junger Kaiser Franz Joseph von Österreich in *Königswalzer*, bis Kriegsende in 16 Filmen, vor allem als Liebhaber
1936 Engagement am Metropol-Theater als singender Bonvivant
1937 Wechsel zum Theater am Kurfürstendamm und der Komödie
1938 Heirat mit Lulu Basler; Deutsches Volkstheater in Wien bis 1941
1940 wieder Komödie Berlin
1941 Burgtheater in Wien durch Vermittlung von Lizzi Waldmüller, bis 1953
1947 Heirat mit der Schauspielerin Judith Holzmeister
1948 erster Nachkriegsfilm in *Das singende Haus*
1949 erstmalig Regie *Prämien auf den Tod*, gemeinsam mit seiner Frau Judith vor der Kamera
1955 nach fast 60 Filmen großer Durchbruch mit Zuckmayer-Verfilmung *Des Teufels General* unter Helmut Käutner, wofür er den «Coppa di Volpi» in Venedig erhält; internat. Film-Angebote; Hauptmann-Verfilmung *Die Ratten* unter Robert Siodmak; 3. Ehe mit der Schauspielerin Eva Bartok
1956 *... und immer lockt das Weib* neben Brigitte Bardot, *Teufel in Seide* mit Lilli Palmer und *Michel Strogoff*
1957 Gegenspieler von Robert Mitchum in *Duell im Atlantik*
1958 4. Ehe mit dem Modell Simone Bichéron bis 1977
1959 Erfolge neben Orson Welles in *Fähre nach Hong Kong* und als Zar Aleksander II. in *Katia* neben Romy Schneider, die Remakes von *Der blaue Engel* (1959) und der *Dreigroschenoper* (1962) waren eher keine Glanzlichter
1965 erneut Mitglied des Burgtheaters in Wien bis 1968
1969 in Starbesetzung von *Luftschlacht um England*, neben Michael Caine, Trevor Howard, Laurence Olivier und Christopher Plummer
1973 erneut Mitglied des Burgtheaters in Wien; erstmals als *Jedermann* auf den Salzburger Festspielen
1976 Memoiren *... und kein bisschen weise*
1977 Bösewicht Karl Stromberg im James Bond-Film *Der Spion der mich liebte*
1978 5. Ehe mit Margie Schmitz
1979 Bösewicht in *Steiner, das Eiserne Kreuz* (2) neben Richard Burton und Rod Steiger; *Schöner Gigolo, armer Gigolo* neben David Bowie und Marlene D.
1982 am 18. Juni stirbt Curd Jürgens in Wien

Hildegard Knef

28. Dezember 1925 – Ulm bis 1. Februar 2002 – Berlin

1925 am 28. Dezember wird Hildegard Frieda Albertine Knef als Tochter eines Prokuristen und seiner Frau Frieda Auguste (geb. Groehn) in Ulm geboren
1926 Tod des Vaters; Umzug nach Berlin
1936 Besuch der Mittelschule in Schöneberg, mittlere Reife
1942 Ausbildung als Trickzeichnerin bei der Ufa
1943 Schauspielschülerin der Staatlichen Filmschule in Babelsberg

1944 erster Film *Träumerei*, wird aber herausgeschnitten; spielt in Käutners *Unter den Brücken*, es folgt *Fahrt ins Glück*; beide Filme mit Gustav Knuth, letzterer wird erst 1948 veröffentlicht

1945 gerät als Junge verkleidet in poln. Gefangenschaft, kann fliehen; erstes Engagement an der Tribüne in Berlin, ab Dez. im Schlossparktheater bis 1947

1946 Hauptrolle in *Die Mörder sind unter uns* von Wolfgang Staudte, dem ersten deutschen Nachkriegsfilm; dieser Film wird K. internationaler Durchbruch

1947 K. heiratet den US-Filmoffizier Kurt Hirsch; wird US-Staatsbürgerin, geht in die USA, und nennt sich dort Hildegard Neff

1950 Rückkehr aus USA

1951 Hauptrolle in *Die Sünderin*, wird Skandal wegen einer Nacktszene; durch US-Produktion *Entscheidung vor Morgengrauen* folgen weitere Rollen in internat. Filmen, z.B. in der Hemmingway-Verfilmung *Schnee am Kilimandjaro* (1952) mit Gregory Peck und *Svengali* (1954)

1952 Scheidung von Kurt Hirsch; für Erich Pommer in *Nachts auf den Straßen* mit Hans Albers und *Alraune* neben Erich von Stroheim

1954 steht insgesamt 675 Mal in New York als Ninotchka in *Silk Stockings* von Cole Porter auf der Broadway-Bühne

1958 vier Filme bis 1960; dann wieder am Schlossparktheater in *Ein Nerz auf der Bühne*

1962 Heirat des Regisseurs David Cameron; das Remake der *Dreigroschenoper* floppt und es kommen merklich weniger Filmangebote

1963 Beginn ihrer zweite Karriere als Chansonsängerin

1968 am 16. Mai wird Tochter Christina Antonia geboren

1970 Memoiren *Der geschenkte Gaul* werden ein internationaler Bestseller

1975 zweites Buch *Das Urteil* erscheint; spielt in Fallada-Verfilmung *Jeder stirbt für sich allein*

1976 Scheidung von David, Umzug von ihrer Mühle im Salzkammergut nach Berlin

1977 Heirat mit Paul von Schell

1978 in Billy Wilders *Fedora*

1980 Start ihrer Welttournee, die ein finanzielles Fiasko wird

1982 Fernsehfilm *Der Gärtner von Toulouse*; wegen finanzieller Probleme Übersiedlung nach Hollywood

1986 Comebackversuch mit der Tournee *Stationen meines Lebens*

1987 als Frl. Schneider im Theater des Westens in Berlin im Musical *Cabaret*

1989 Rückkehr aus Beverly Hills nach Berlin

1992 mit der Band Extrabreit neue Version von *Für mich soll's rote Rosen regnen*

1995 Film-Collage zum 70. Geburtstag: *Für mich soll's rote Rosen regnen*

2000 Dok.film *A Woman and a Half - Hildegard Knef* von Clarissa Ruge zieht schonungslose Bilanz; letzter öffentlicher Auftritt auf Berlinale 2001

2002 am 1. Februar stirbt Hildegard Knef in Berlin

Gustav Knuth

7. Juli 1901 - Braunschweig bis 1. Februar 1987 - Küsnacht/Schweiz

1901 geb. als Gustav Adolf Karl Friedrich Knuth, Sohn des Eisenbahners Christoph Karl Gustav Knuth und Johanne Frederike Luise Hermine (geb. Jürges)

1916 nach der Volksschule Schlosserlehre bei der Bahn, die er abbricht; nimmt heimlich Schauspielstunden, die seine Schwester bezahlt

1918 erstes Engagement am Stadttheater Hildesheim durch Vermittlung seines Schauspiellehrers Casimir Paris; an verschiedenen Bühnen bis 1922

1922 festes Engagement am Stadttheater Basel für drei Jahre
1925 bis 1933 am Stadttheater Altona
1930 Heiratet mit der Schauspielerin Gustl Busch
1933 Wechsel zum Deutschen Schauspielhaus in Hamburg
1935 Geburt des Sohnes Klaus; erster Film als *Ammenkönig* unter Hans Steinhoff
1937 erstmalig in Berlin an der Volksbühne; spielt bei den Heidelberger Festspielen, dort von Gustaf Gründgens ans Preußische Staatstheater in Berlin geholt, wo er bis zur Theaterschließung 1944 bleibt
1939 spielt neben Zarah Leander in *Lied der Wüste*
1940 Scheidung von Gustl; Heirat mit der Schauspielerin Elisabeth Lennartz
1941 in *Das Mädchen von Fanö* neben seinen Freunden Brigitte Horney und Joachim Gottschalk
1943 unter Helmut Käutner *Große Freiheit Nr. 7* neben Hans Albers; Film wird von Goebbels verboten, kommt 1945 nach Kriegsende heraus
1945 in seinem Lieblingsfilm *Unter den Brücken* mit Hilde Knef, verlässt Berlin kurz vor Kriegsende nach Hamburg, dort am Deutschen Schauspielhaus
1946 nutzt Gastspiel in Konstanz, um Angebot des Züricher Schauspielhauses wahrzunehmen, bleibt dieser Bühne bis zum Lebensende treu
1949 durch Heinz Rühmann zum Film zurück in dessen Produktion *Das Geheimnis der roten Katze*; bis 1969 drei bis vier Filme jährlich
1955 bis 1957 als Herzog Max von Bayern in *Sissi* Teil 1-3
1957 neben Romy Schneider in *Robinson soll nicht sterben*
1959 im Staraufgebot der *Buddenbrooks*-Verfilmung neben Lilli Palmer, Lil Dagover und Hansjörg Felmy
1962 großer Erfolg mit TV-Serie *Alle meine Tiere*
1967 TV-Serie *Großer Mann, was nun?*; «Bambi» in Gold, wie auch 1968 und 1980
1974 Filmband in Gold für das Lebenswerk
1975 moderiert in der ARD den *Künstlerstammtisch*
1977 Memoiren *Mit einem Lächeln im Knopfloch*, aufgez. von Gudrun Gloth
1978 Veröffentlichung seiner Anekdoten *Darüber hab' ich sehr gelacht*; in TV-Serie *Der eiserner Gustav*
1987 am 1. Febr. stirbt Gustav Knuth nach einem Schlaganfall

Zarah Leander

15. März 1907 – Karlstad/Schweden bis 23. Juni 1981 – Stockholm

1907 geb. als Zarah Stina Hedberg, Tochter des Grundstücksmaklers Anders Lorentz Sebastian Hedberg und seiner Frau Mathilda Ulrika (geb. Vikström)
1911 Klavier- und Geigenunterricht
1922 nach dem Gymnasiums für zwei Jahre nach Riga, sie lernt dort die deutsche Sprache; häufige Theaterbesuche wecken den Wunsch, zum Theater zu gehen
1926 erster Besuch Berlins, um Fritzi Massary zu hören; Heirat des Schauspielers Nils Leander
1927 Geburt der Tochter Boel
1928 L. verdankt ihre ersten Auftritte ihrem Mann, der sie ohne jegliche Bühnenausbildung als Chansonsängerin an einer Stockholmer Bühne unterbringt
1929 Geburt des Sohnes Göran
1930 Vertrag mit Plattenfirma Odeon, erste Platte: *Ich weiß nicht, warum ich es tue*; 80 weitere Titel bis 1936; erster Film in Schweden *Dantes Mysterien*
1931 Scheidung von Nils Leander; kurz als Verlagssekretärin im Stockholmer Lindforts Verlag; Auftritt in der Revue *Das heitere Stockholm*

1931 in Franz Lehárs *Die lustige Witwe*; Lehar muss für sie die Musik um zwei Oktaven tiefer arrangieren
1932 Heirat des Journalisten Vidar Forsell; Hochzeitsreise nach Berlin
1935 in Wien Garbo-Parodie in der Operette *Axel an der Himmelstür* im Theater an der Wien, riesiger Erfolg
1936 Hauptrolle im österreichischen Krimi *Premiere*; Ufa-Vertrag für drei Filme, sie ist einer der teuersten Ufa-Stars
1937 bis 1942 zehn Filme für die Ufa, darunter *La Habanera* (1937), *Heimat* (1938) und *Das Lied der Wüste* (1939) neben Gustav Knuth; Film-Songs werden in mehreren Sprachen aufgenommen und sind internat. Kassenschlager
1943 bricht Ufa-Vertrag, verlässt Berlin; geht auf ihr Landgut Lönö in Schweden
1945 bis 1948 Auftrittsverbot in Deutschland und Österreich
1948 erster deutscher Nachkriegsauftritt am 13. Nov. in Stuttgart, am 14. August erstmalig wieder in Berlin; bis 1978 viele Tourneen durch die ganze Welt
1950 Comebackversuch mit *Gabriela*, dieser und die folgenden erreichen aber nicht die Ufa-Erfolge
1956 3. Ehe mit dem Kapellmeister Arne Hülphers
1958 Hauptrolle in *Madame Scandaleuse*, große Erfolge damit in Wien, München, Berlin und Hamburg
1964 Hauptrolle im Musical *Lady aus Paris* in Wien und Berlin
1972 Memoiren *Es war so wunderbar. Mein Leben*
1975 Hauptrolle im Musical *Lächeln einer Sommernacht* in Wien
1978 Schlaganfall am 10. Okt. während der *Sommernacht*-Aufführung im Stockholmer Folkantheatern; Ende der Bühnenlaufbahn
1981 am 23. Juni stirbt Zarah Leander in Stockholm

Hans Moser

6. August 1880 – Wien bis 19. Juni 1964 – Wien

1880 geb. als Johann Julier, Sohn des französischstämmigen Bildhauers Franz Julier und seiner Frau Serafine (geb. Pöschl)
1897 nach Absolvierung der Bürger- und Handelsschule in einer Buchhandlung, heimlich Unterricht an der Theaterschule Otto; Sprechunterricht bei Hofschauspieler Josef Moser (nach dem er sich benennt); erste kleine Rolle beim Theater Fridek-Mistek/Ostrawitza; schlägt sich als Kleinst-Darsteller, Statist und Kulissenschieber an diversen Schmieren durch
1902 Militärdienst in der III. Ersatzkompanie eines Infanterie-Regiments
1903 bis 1907 Engagement am Theater in der Josefstadt, Wien
1907 kündigt, da er wegen seiner geringen Körpergröße ständig Kinderrollen spielt, mit Wandertheatern in der Steiermark, Böhmen, Mähren und Ungarn
1910 Rückkehr nach Wien; spielt in volkstümlichen Stücken an Kleinkunstbühnen
1911 Heirat mit Blanca Hirschler
1912 Auftritte in Schwänken am Budapester Orpheum
1913 Geburt der Tochter Margarethe
1914 als Soldat an der Ostfront und Italien
1918 nach Kriegsende u.a. als Conférencier und Liedsänger an verschiedenen Kabarett- und Varietébühnen; erste kleine Rolle im öster. Film *Das Baby*
1920 Mitglied der Rolandbühne
1923 Durchbruch mit dem Sketch *Der Dienstmann* im Wiener «Ronacher»
1925 von Max Reinhardt für das Theater in der Josefstadt engagiert; M. spielt bei den Salzburger Festspielen

1926 nach Berlin ans Deutsche Theater; Entwicklung zum Charakterdarsteller; mit dem Ensemble Auslandtournee nach Amerika
1930 erster deutscher Film *Liebling der Götter* neben Emil Jannings und Renate Müller wird großer Durchbruch; spielt von nun in über 140 Filmen immer wieder die gleiche Rolle des kleinen Mannes in verschiedenen Kostümen
1933 in Willi Forsts *Leise flehen meine Lieder* neben dem jungen Filmstar Luise Ullrich, wird selbst zum Publikumsliebling und Spitzenverdiener bei der Ufa
1937 darf nur mit Sondergenehmigungen arbeiten, da seine Frau Jüdin ist; sie wird nach Budapest ausgewiesen; Propagandafilm *Mein Sohn, der Herr Minister* unter Veit Harlan
1945 seine Frau kehrt zu M. zurück
1946 erster Film nach dem Krieg *Renee XIV.* neben Johannes Heesters und Theo Lingen; bis zu seinem Tod noch 60 Spielfilme
1954 Theater in der Josefstadt; am Wiener Burgtheater in Schnitzlers *Liebelei*
1962 Filmband in Gold für sein Lebenswerk
1963 letzter Bühnenauftritt am 12. Nov. im Burgtheater in Molnars Stück *Liliom*
1964 am 19. Juni stirbt Hans Moser in einem Wiener Krankenhaus

Asta Nielsen

11. September 1881 – Kopenhagen
bis 25. Mai 1972 – Frederiksberg/Dänemark

1881 geb. als Tochter des Arbeiters Jens Christian Nielsen und seiner Frau Ida Frederikke (geb. Petersen); sie verlebt ärmliche Kindheit in Dänemark und Schweden
1895 Tod des Vaters; sie soll Verkäuferin lernen, gegen den Willen ihrer Mutter Vorsprechen am Königlichen Theater Kopenhagen, wegen ihres Talents kostenlos privater Schauspielunterricht bei Peter Jerndorff und Karl Mantzius
1901 10. Juli, Geburt ihrer Tochter Jesta, Weigerung, den Kindsvater zu heiraten
1902 erstes Engagement am Dagmar-Theater in Kopenhagen
1905 N. spielt nur Nebenrollen und schließt sich Wanderbühne an
1908 zurück nach Kopenhagen ans Neue Theater, weiterhin nur Nebenrollen, zuletzt nicht einmal mehr die
1910 am Theater lernt sie den dänischen Regisseur Urban Gad kennen, zusammen erster Film *Afgrunden* (Abgründe)
1911 zwei Filme bei der Bioscop-Gesellschaft in Berlin, erster deutscher Film ist *Heißes Blut*; Bioscop nimmt sie für drei Jahre unter Vertrag
1912 Heirat mit Urban Gad
1914 mit *Engelein* hat das Paar einen seiner größten Erfolge
1916 zurück nach Kopenhagen
1918 Scheidung von Urban Gad, mit dem über 40 Stummfilme entstanden sind
1919 Heirat mit dem schwedischen Kapitän und Reederssohn Freddy Wingaardh
1919 zieht wieder nach Berlin; große Literaturverfilmungen: u.a. August Strindbergs *Rausch* (1919) unter Ernst Lubitsch, Dostojewskis *Der Idiot* (1919) und Frank Wedekinds *Erdgeist* (1923)
1920 in *Der Reigen – Ein Werdegang* von Richard Oswald neben dem jungen Stummfilmstar Conrad Veidt; Gründung ihrer Firma ArtFilm GmbH, erster Film: Shakespeares *Hamlet*, dann *Fräulein Julie* (1921) und *Absturz* (1922)
1925 Hauptrolle als Dirne Marie Lechner in *Die freudlose Gasse* neben Greta Garbo unter G.W. Pabst; N. wird zwei Jahre durch Filmindustrie boykottiert, da sie diese öffentlich kritisierte

1927 Scheidung von ihrem zweiten Ehemann; dreht fünf Filme in dem Jahr; wegen schlechter Rollen Entscheidung für Theater, erfolgreiche Tourneen u.a. mit *Die Kameliendame*; sie ist dadurch in der Lage, Filmangebote abzulehnen
1932 erster und einziger Tonfilm *Unmögliche Liebe* beendet die Filmkarriere, da N. nie ihren dänische Akzent ablegen konnte, es folgen Theatertourneen
1933 Goebbels bietet ihr eine Filmproduktionsfirma an, sie lehnt ab
1936 zieht sich immer mehr zurück und verläßt Berlin Richtung Kopenhagen; N. versucht mehrfach vergeblich eine Konzession für ein Kino zu bekommen
1940 nach dt. Besetzung Dänemarks Ablehnung der Rückkehr zum deutschen Film
1945 Memoiren *Die schweigende Muse*
1946 sie schreibt Zeitungsartikel und über 50 Novellen, macht Radiosendungen, kreiert Stoffcollagen
1964 nach dem Tod des Schwiegersohns und Selbstmord von Jesta verfällt sie in schwere Depressionen
1968 eigene Verfilmung ihres Lebens, Dokumentarfilm *Asta Nielsen*
1970 Heirat des 70jährigen Kunsthändlers Christian Theede
1972 am 25. Mai stirbt Asta Nielsen in Frederiksberg nach schwerem Autounfall

Lilli Palmer

24. Mai 1914 – Posen bis 24. Januar 1986 – Los Angeles

1914 geb. als Lilli Marie Peiser, Tochter des Chefarztes eines jüdischen Krankenhauses Dr. med. Alfred Peiser und seiner Frau Rose (geb. Lissmann), ehemalige Schauspielerin in Posen
1920 Waldschule in Berlin-Grunewald
1930 Schauspielschule von Ilka Grüning und Lucie Höflich, gleichzeitig Besuch des Hohenzollern-Gymnasiums
1932 Abitur und Abschluss der Schauspielschule; erstes Engagement im Berliner Rose-Theater in *Die eiserne Jungfrau*, dann Landestheater Darmstadt
1933 Emigration nach Paris, wo bereits ihre Schwester Irene weilt; schlagen sich mit Gesang und Tanz in billigen Varietés und Nachtclubs durch
1934 auf Einladung von Alexander Korda nach London, Probeaufnahmen für *Crime Unlimited*; da die Hauptdarstellerin ausfällt, bekommt P. die Rolle
1936 erstes Bühnenengagement im Garrick Theatre in London, dafür Schauspielstunden bei Else Schreiber; spielt als Zimmermädchen in Hitchcocks *The Secret Agent* (Geheimagent) neben John Gilgud und Peter Lorre, der ebenfalls emigriert ist; P. dreht nun zwei bis vier Filme pro Jahr, u.a. *The Great Barrier* (1937) und *Thunder Rock* (1943) neben James Mason
1937 Fernsehfilme in England mit Richard Hearne; weiterhin erfolgreich am Theater, auf Tournee lernt sie Rex Harrison (Reginald Carey) kennen
1940 mit Harrison gemeinsam auf der Theaterbühne in *No Time For Comedy*
1943 25. Januar, Heirat mit Rex Harrison in London
1944 19. Februar, Geburt des Sohnes Rex Carey Alfred
1945 erster Film mit ihrem Mann *The Rake's Progress* (Der letzte Sündenfall); im Herbst geht das Paar in die USA; Vertrag bei Warner Bros.
1946 erster Film für Warner Bros. ist Fritz Langs *Cloak And Dagger* (Im Geheimdienst) neben Gary Cooper
1949 9. Febr., Debüt am Broadway in *My Name Is Aquilon* im Lyceum-Theatre, bis 1954 regelmäßig am Broadway erfolgreich
1951 wöchentlich eigene Show im amerikanischen Fernsehen
1952 großer Erfolg mit ihrem Mann in *The Four Poster* (Das Himmelbett)

1954 Eric Charell holt sie zurück nach Dtl. für die Verfilmung seines Musicals *Feuerwerk* mit Romy Schneider, der Titelsong *O mein Papa* wird großer Erfolg; *Teufel in Seide* (1956) neben Curd Jürgens und Käte Haack, *Mädchen in Uniform* (1958) mit Romy Schneider; regelmäßig bis zu ihrem Tod Filme in den USA, Dtl., England, Frankreich und Italien an der Seite von Clark Gable, Charles Boyer, Jean Gabin, Jean Marais, Maximilian Schell, Curd Jürgens ...

1957 nach der Trennung von Harrison Heirat des argentinischen Schauspielers und Schriftstellers Carlos Thomson,

1970 Tausch der britischen Staatsbürgerschaft gegen die der Schweiz; wohnt meist in Campo Mijas, widmet sich zunehmend der Malerei

1974 Memoiren *Dicke Lilli – gutes Kind*; Großes Verdienstkreuz der Bundesrepublik

1976 zweiter Teil der Memoiren: *Der rote Rabe*

1978 Ausstellung ihrer Bilder in Köln; Filmband in Gold für ihr Lebenswerk

1979 Roman *Umarmen hat seine Zeit*

1986 am 27. Januar stirbt Lilli Palmer in Westwood (Los Angeles) an Krebs

Luise Ullrich

30. Oktober 1911 – Wien bis 22. April 1986 – München

1911 geb. als Aloisia Elisabeth Ullrich, Tochter des Offiziers Richard Ullrich und dessen Frau Aloisia (geb. Bernert)

1917 Mädchenschule in Wien

1925 Schauspielausbildung an der Akademie für Musik und darstellenden Kunst, während sie die Mittlere Reife absolviert

1926 Engagement an der Volksbühne Wien als Mariechen in *Heimat*

1931 Volksbühne in Berlin, wechselt bald ins Ensemble des Staatstheaters und spielt neben Emil Jannings, Alexander Moissi und Albert Bassermann; trifft Victor de Kowa, sie werden ein Paar

1932 Erfolg in Jürgen Fehlings Inszenierung *Rauhnacht*; bei der Premiere von Luis Trenker für den Film entdeckt, bei ihm als Erika in *Der Rebell*; weiter Theater

1933 berühmt durch ihren zweiten Film *Liebelei* neben Gustaf Gründgens und Olga Tschechowa

1935 weitere Erfolge: *Regine* neben Heinrich George, in *Versprich mir nichts* (1937) erstmals zusammen mit Victor de Kowa, *Ich liebe Dich* (1938) ist ihr zweiter gemeinsamer Film

1938 Vertrag mit der MGM, den sie aber platzen lässt; im Auftrag des Deutschen Verlages nach Südamerika für Reisebericht; nachdem sie nicht zum erwarteten Zeitpunkt zurückkehrte, galt U. bei der Presse als verschollen

1939 Rückkehr nach Berlin

1940 Comeback mit *Liebesschule* neben Hans Brausewetter

1941 feiert mit *Annelie* von Josef von Baky neben Käte Haack und Werner Krauss ihren größten Erfolg, Graf-Volpi-Pokal auf der Biennale 1941

1942 Heirat mit dem Lufthansa-Kapitän und späteren Chef des Münchener Flughafens Riem Wulf Dietrich Graf zu Castell-Rüdeshausen, den sie in Lima kennenlernte; nur noch drei Filme bis Kriegsende

1944 Geburt der Tochter Gabriele

1945 verlässt Berlin Richtung München

1946 Geburt des Sohnes Michael

1949 erster Nachkriegserfolg ist *Nachtwache* neben Käte Haack und René Deltgen; dreht bis in die 60er Jahre weiter Filme, meistens als fürsorgliche Mutter, wie in *Regina Amstetten* (1953) oder *Die liebe Familie* (1957)

1958 erste TV-Rolle in *Examen des Lebens*; weiterhin erfolgreich am Theater, u.a. *Alexis Sorbas* (1971) in Wien oder in *Gigi* neben Johannes Heesters in München (1981)
1973 Memoiren *Komm auf die Schaukel, Luise*
1979 Filmband in Gold für ihr Lebenswerk
1986 am 22. Januar stirbt Luise Ullrich an Krebs in München

Conrad Veidt

22. Januar 1891 – Berlin bis 3. April 1943 – Hollywood

1893 geb. als Hans Walter Conrad Veidt, Sohn des Kanzleisekretärs Phillip Heinrich Veidt und dessen Frau Amalie Maria Anna (geb. Göhtz)
1899 Hohenzollern-Gymnasium in Schöneberg
1912 verlässt das Gymnasium ohne Abitur
1913 Schauspielausbildung am Deutschen Theater, erster Auftritt am 23. Mai in den Kammerspielen in *Der Arzt am Scheidewege*, spielt am gleichen Abend am Deutschen Theater; in zahlreichen Rollen an Reinhardts Bühnen
1914 28. Dezember, Einberufung zum Militär
1915 Ostfront; er erkrankt an Gelbsucht und wird Pferdepfleger der 8. Armee in Insterburg; durch Vermittlung von Lucie Mannheim am 18. Aug. zum Fronttheater nach Libau
1916 Entlassung aus dem aktiven Dienst bis auf Widerruf, erneut von Reinhardt engagiert; Film-Debüt in *Der Weg des Todes*; über 70 Stummfilme bis 1929
1918 Heirat am 18. Juni mit der Schauspielerin Auguste Marie Holl (bek. als Gussy Holl); erstmals in einer Turban-Rolle in Paul Lenis *Das Rätsel von Bagalor*; Zusammenarbeit mit dem Regisseur und Produzenten Richard Oswald beginnt mit *Das Tagebuch einer Verlorenen*, er spielt zukünftig zusammen mit Anita Berber, Werner Krauss und Reinhold Schünzel in vielen so genannten Aufklärungsfilmen die Hauptrolle, u.a. in *Anders als die Andern* (1919) aber auch in Unterhaltungsfilmen wie *In 80 Tagen um die Welt* (1919)
1919 Ehe mit Holl wird im Herbst geschieden; spielt am Lessing- , Renaissance- und Deutschen Künstler-Theater; ein Höhepunkt der Stummfilmkarriere ist Robert Wienes Klassiker *Das Cabinet des Dr. Caligari*; Festigung des Images als dämonischer Darsteller; Gründung der Firma Veidt-Film, mit der er zwei Filme produziert
1920 in Zusammenarbeit mit seinem Theater-Kollegen F.W. Murnau entstehen weitere Gruselfilme wie *Der Januskopf* oder *Der Gang in die Nacht* (1921); Hauptrolle in Joe Mays zweiteiliger Großproduktion *Das indische Grabmal*
1921 Oswald kooperiert mit der Veidt-Film, Historien-Filme, u.a. in *Lady Hamilton* als Lord Nelson und in *Lucrezia Borgia* (1922) als Bruder Cesare
1922 18. April, Heirat mit der Wienerin Felizitas Anna Maria Lüttga (geb. Radke); Richard Oswald AG wird zum Konzern umgewandelt, die Veidt-Film GmbH wird Tochterunternehmen, einziger Film der Kooperation *Paganini* (1923)
1923 in Paul Lenis *Wachsfigurenkabinett* neben den drei Größen des deutschen Stummfilms Emil Jannings, Werner Krauss und Wilhelm Dieterle, der Film ist ein weiterer Höhepunkt seiner Karriere, sehr erfolgreich auch die Filme *Nju* (1924), *Orlacs Hände* (1925) und *Der Student von Prag* (1926)
1925 10. August, Geburt des einzigen Kindes, der Tochter Vera Viola Maria
1926 er folgt im September der Einladung John Barrymores mit Frau und Kind nach Hollywood; erster Film *The Beloved Rogue* (Der Bettelpoet – 1927)
1927 nach kurzer Stippvisite in Berlin nimmt Carl Laemmle V. bei Universal unter

Vertrag, drei Filme entstehen: *A Mans Past* (1928), *The Man Who Laughs* (Der Mann der lacht) wieder unter dem inzwischen in Hollywood etablierten Paul Leni, der Film hat bereits Musik und eine Geräuschkulisse, erster Tonfilm wird *The Last Performance* (Illusion - 1929)

1929 Rückkehr nach Berlin; wieder Theater und Film, u.a. in *Die letzte Kompagnie* (1930), in Eric Charells *Der Kongreß tanzt* (1930) - auch in der englischen Version -, und in Friedrich Hollaenders *Ich und die Kaiserin* (1933)

1933 24. März, Heirat mit der Ungarin Ilona Preger (geb. Barta); im April mit seiner jüdischen Frau nach London, wo sie sich bis Ende der 30er Jahre niederlassen; letzter Film in Deutschland ist *Wilhelm Tell*

1934 unter Hausarrest gesetzt beim Nachdreh der englischen Version des *Tells* in Berlin, da er für die Hauptrolle in der Lion Feuchtwanger-Verfilmung *Jud Süß* bei den Gaumont-Studios in London zugesagt hat, kommt nach Eingreifen der brit. Regierung und des Studios frei; dreht in England und Frankreich

1935 veranlasst Umsiedlung seiner zweiten Frau und Tochter von Berlin nach Genf und seiner Schwiegereltern von Wien nach Zürich

1938 seit 5. April britischer Staatsbürger

1939 Dreharbeiten zu *The Thief of Bagdad* (Der Dieb von Bagdad), seinem erfolgreichsten britischen Film und dem einzigen Farbfilm; bei Kriegsausbruch bietet er der britischen Regierung sein ganzes Vermögen an

1940 zieht nach Beverly Hills; am 4. Dez. Premiere von *Der Dieb von Bagdad*, nach großem Erfolg drei Oscars; lässt zu Weihnachten 2000 Päckchen an Kinder in den Londoner Luftschutzbunkern verteilen; in Hollywood spielt er vor allem in Anti-Nazi-Filmen mit, wie *Escape* (1940), *Nazi Agent* (1942) und in dem Kultklassiker *Casablanca* (1942)

1943 Herzschlag am 3. April beim Golf spielen auf dem Riviera Country Club

Grethe Weiser

27. Februar 1903 – Hannover bis 2. Oktober 1970 – Bad Tölz

1903 geb. als Mathilde Ella Dorothea Margarethe Nowka, Tochter des Hochbau-Unternehmers Gottlieb Ernst Ludwig Nowka und seiner Frau Ella (geb. Schimke); sie wächst in Klotzsche bei Dresden auf; Höhere Töchterschule in Dresden-Neustadt und Friedelsche Privatschule in Blasewitz

1921 Heirat mit dem Wiener Süßwarenfabrikanten Josef Weiser, sie beziehen ein Schloss bei Dresden

1922 Geburt von Rolf Günther; Umzug nach Berlin; ihr Mann verliert sein Vermögen durch Spekulationen und pachtet u.a. das Kabarett «Charlott» am Kurfürstendamm, wo W. erste Auftritte hat; Gesangsunterricht

1926 als Elevin an der Volksbühne, erster Auftritt im Chor der *Lysistrata*; Engagements im Wintergarten-Varieté, dem Kabarett der Komiker, Bendows Bunter Bühne, Theater am Kurfürstendamm, Komische Oper, sowie am Thalia-Theater Hamburg und am Komödienhaus in Dresden

1927 erste kleine Rolle als Zimmermädchen in *Männer vor der Ehe*, bleibt aber ohne Nennung

1931 wieder entdeckt für den Film *Kasernenzauber*, regelmäßig Rollen als Dienstmädchen, u.a. in *Kind, ich freu' mich auf dein Kommen* (1933), *Martha* (1936) oder *Mädchen für alles* (1937)

1934 Scheidung von Josef Weiser

1937 Hauptrolle in *Die göttliche Jette* neben Victor de Kowa; spielt nun einige Hauptrollen in *Mädchen für alles* und *Meine Freundin Barbara*, bevor sie wieder ins Nebenrollendasein zurückkehrt: *Frau am Steuer* (1939), *Wir machen Musik* (1942) und *Familie Buchholz* (1944); nach Kriegsbeginn häufig auf Wehrmachtskonzert-Tournee

1944 wird im Grunewald ausgebombt, sie geht zu ihrem Bruder nach Wernigerode

1945 geht nach Hamburg; darf während Entnazifizierungsverfahren nicht spielen; tingelt über Land

1947 Engagement an der Jungen Bühne in Hamburg

1948 erster Film nach dem Krieg *Morgen ist alles besser*; dreht nun wieder regelmäßig, eine der am meisten engagierten Filmschauspielerinnen, bis zu acht Unterhaltungsfilme im Jahr – wird zum berühmten «Herz mit Schnauze»

1949 bleibt dem Theater treu, spielt erstmalig ihre künftige Paraderolle als Mary Miller in *Das Kuckucksei* an den Hamburger Kammerspielen

1953 25jähriges Bühnenjubiläum feiert W. mit der Mutter Wolffen in Gerhard Hautmanns *Der Biberpelz*

1954 Rückkehr nach Berlin; Theater in Berlin und München

1958 Heirat mit Hermann Schwerin

1960 an der Berliner Komödie in *Der Biberpelz*

1961 *Das Kuckucksei* am Hebbel-Theater in Berlin

1963 in Paul Martins Musical *Berlin-Melodie* erstmals vor der Fernsehkamera

1968 Verkauf des Hauses im Grunewald, zieht in die Nähe des Kurfürstendammes

1970 stirbt am 2. Okt. mit ihrem Mann bei einem Autounfall

Quellen

Hans Albers

1 Geza von Cziffra, Es war eine rauschende Ballnacht, Frankfurt/M. 1987, S. 20
2 Gustav Fröhlich, Waren das Zeiten, München 1983, S. 150
3 Geza von Cziffra, Es war eine rauschende Ballnacht, Frankfurt/M. 1987, S. 30
4 Gustav Fröhlich, Waren das Zeiten, München 1983, S. 151
5 Joachim Cardenbach, Hans Albers, Berlin o.J. [um 1970], S. 66
6 Hans Söhnker, Und kein Tag zuviel, Hamburg 1974, S. 231
7 Manfred Barthel, So war es wirklich. Der deutsche Nachkriegsfilm, München 1989, S. 179
8 Curt Riess, Das gab's nur einmal, Itzehoe 1957, S. 408
9 Heinz Rühmann, Das war's, Frankfurt/M. 1982, S. 196
10 Manfred Barthel, So war es wirklich. Der deutsche Nachkriegsfilm, München 1989, S. 180
11 Hans Söhnker, Und kein Tag zuviel, Hamburg 1974, S. 235
12 Geza von Cziffra, Es war eine rauschende Ballnacht, Frankfurt/M. 1987, S. 109f.
13 Horst Frank, Leben heißt Leben, München 1985, S. 39ff.
14 Harald Juhnke, Die Kunst eine Mensch zu sein, Rastatt 1985, S. 208
15 Artur Brauner, Mich gibt's nur einmal, Frankfurt/M. 1982, S. 95

Lida Baarova

1 Gustav Fröhlich, Waren das Zeiten, München 1983, S. 362
2 Lida Baarova, Die süße Bitterkeit meines Lebens, Koblenz 2000, S. 93f.
3 ebenda, S. 113
4 Joseph Goebbels, Tagebücher 1924-1945, München 2003, S. 1251
5 Lida Baarova, Die süße Bitterkeit meines Lebens, Koblenz 2000, S. 149
6 Curt Riess, Das gab's nur einmal, Itzehoe 1957, S. 593

Anita Berber

1 Rudolf Forster, Das Spiel mein Leben, Frankfurt/M. 1967, S. 257
2 Lothar Fischer, Tanz zwischen Rausch und Tod. Anita Berber, Berlin 1984, S. 43
3 Hubert von Meyerinck, Meine berühmten Freundinnen, Düsseldorf 1967, S. 107

Marlene Dietrich

1 Henny Porten, Vom «Kintopp» zum Tonfilm, Dresden 1932, S. 99
2 Maria Riva, Meine Mutter Marlene, München 1992, S. 52
3 Maegie Koree, Immer feste druff, Düsseldorf 1997, S. 131
4 Birgit Haustedt, Die wilden Jahre in Berlin, Berlin 2002, S. 79
5 Helma Sanders-Brahms, Marlene und Joe, Berlin 2000, S. 43
6 Josef von Sternberg, Ich Josef von Sternberg, Hannover 1967, S. 251
7 ebenda, S. 164

Willy Fritsch

1 Lil Dagover, Ich war eine Dame, München 1979, S. 133
2 Curt Riess, Das gab's nur einmal, Itzehoe 1957, S. 198
3 ebenda, S. 198
4 ebenda, S. 328
5 Uwe Klöckner-Draga, Wirf weg, damit du nicht verlierst ... Lilian Harvey, Berlin 1999, S. 151

Gustav Fröhlich

1 Gustav Fröhlich, Waren das Zeiten, München 1983, S. 113
2 ebenda, S. 346
3 ebenda, S. 156
4 Lida Baarova, Die süße Bitterkeit meines Lebens, Koblenz, 2000, S. 114
5 Gustav Fröhlich, Waren das Zeiten, München 1983, S. 192
6 ebenda, S. 292ff.
7 Richard Carstensen, Anekdoten aus Berlin, Husum, 1983, S. 37
8 Gustav Fröhlich, Waren das Zeiten, München 1983, S. 292ff.

Valeska Gert

1 Valeska Gert, Ich bin eine Hexe, München 1989, S. 28
2 ebenda, S. 31
3 ebenda, S. 37
4 ebenda, S. 40
5 ebenda, S. 49
6 Geza von Cziffra, Der Kuh im Kaufhaus, München 1981, S. 218
7 Valeska Gert, Ich bin eine Hexe, München 1989, S. 34
8 Fred Hildenbrandt, Ich soll dich grüßen von Berlin, München 1977, S. 232
9 Geza von Cziffra, Es war eine rauschende Ballnacht, Frankfurt/M. 1987, S. 109f.
10 Fred Hildenbrandt, Ich soll dich grüßen von Berlin, München 1977, S. 233
11 ebenda, S. 234
12 ebenda

Käte Haack

1 Käte Haack, In Berlin und anderswo, München 1971, S. 84
2 ebenda, S. 127f.
3 ebenda, S. 153
4 Hubert von Meyerinck, Meine berühmten Freundinnen, Düsseldorf 1967, S. 179f.

Lilian Harvey

1 Robert Siodmak, Zwischen Berlin und Hollywood, München 1980, S. 54
2 *Die Filmwoche*, Nr. 16/1950
3 Uwe Klöckner-Draga, Wirf weg, damit du nicht verlierst ... Lilian Harvey, Berlin 1999, S. 117
4 Friedrich Hollaender, Von Kopf bis Fuß, Berlin 1973, S. 220f.
5 Maurice Zolotow, Billy Wilder in Hollywood, Toronto Kanada 1977, S. 45

Trude Hesterberg

1 Trude Hesterberg, Was ich noch sagen wollte, Berlin 1971, S. 14f.
2 ebenda, S. 19
3 ebenda, S. 21
4 ebenda
5 ebenda, S. 26
6 ebenda, S. 27
7 ebenda, S. 36
8 ebenda, S. 108f.
9 Helga Bemmann, Berliner Musenkinder. Memoiren, Berlin 1981, S. 99
10 Trude Hesterberg, Was ich noch sagen wollte, Berlin 1971, S. 103
11 ebenda, S. 84f.

12 Carl Zuckmayer, Als wär's ein Stück von mir, Frankfurt/M. 1997, S. 49
13 Josef von Sternberg, Ich Josef von Sternberg, Hannover 1967, S. 254
14 Geza von Cziffra, Es war eine rauschende Ballnacht, Frankfurt/M. 1987, S. 22

Emil Jannings

1 Curt Riess, Das gab's nur einmal, Itzehoe 1957, S. 95
2 Geza von Cziffra, Es war eine rauschende Ballnacht, Frankfurt/M. 1987, S. 72
3 Carl Zuckmayer, Als wär's ein Stück von mir, Frankfurt/M. 1997, S. 50
4 ebenda
5 ebenda
6 Carl Zuckmayer, Geheimreport, München 2004, S. 138
7 ebenda, S. 139

Curd Jürgens

1 Curd Jürgens, ... und kein bißchen weise, München 1976, S. 29
2 ebenda, S. 131f.
3 Geza von Cziffra, Es war eine rauschende Ballnacht, Frankfurt/M. 1987, S. 221
4 ebenda, S. 211

Hildegard Knef

1 Hildegard Knef, Der geschenkte Gaul, Stuttgart 1970, S. 37
2 Felix Moeller, Der Filmminister, Berlin 1998, S. 105
3 ebenda, S. 104
4 ebenda, S. 143
5 *Tagesspiegel*, 23.08.1981
6 Hildegard Knef, Der geschenkte Gaul, Stuttgart 1970, S. 247
7 ebenda, S. 292
8 Geza von Cziffra, Es war eine rauschende Ballnacht, Frankfurt/M. 1987, S. 208
9 *Berliner Morgenpost*, 24.03.2004
10 *Die Welt*, 08.02.2002

Gustav Knuth

1 Gustav Knuth, Darüber habe ich sehr gelacht, Frankfurt/M. 1980, S. 66
2 Gustav Knuth, Mit einem Lächeln im Knopfloch, Frankfurt/M. 1977, S. 107
3 ebenda, S. 108
4 ebenda, S. 87
5 ebenda, S. 113

Zarah Leander

1 Zarah Leander, Es war so wunderbar, Gütersloh 1972, S. 122
2 ebenda, S. 133
3 ebenda, S. 162
4 ebenda, S. 174
5 Geza von Cziffra, Es war eine rauschende Ballnacht, Frankfurt/M. 1987, S. 143
6 ebenda, 1987, S. 134
7 Gustav Knuth, Mit einem Lächeln im Knopfloch, Frankfurt/M. 1977, S. 72
8 ebenda, 1977, S. 74

Hans Moser

1 Gunther Phillip, Mir hat's fast immer Spaß gemacht, Frankfurt/M. 1992, S. 164
2 Curd Jürgens, ... und kein bisschen weise, München, 1976, S. 279
3 Axel von Ambesser, Nimm einen Namen mit A, Berlin 1988, S. 344

Asta Nielsen

1 *Bild und Film*, Heft 8, 1913/14
2 Geza von Cziffra, Es war eine rauschende Ballnacht, Frankfurt/M. 1987, S. 78
3 http://www.fembio.org/frauen-biographie/asta-nielsen.shtml; 13.02.05
4 Käte Haack, In Berlin und anderswo, München 1971, S. 138

Lilli Palmer

1 Lilli Palmer, Dicke Lilli, liebes Kind, Zürich 1974, S. 9
2 ebenda, S. 42f.
3 ebenda, S. 64
4 ebenda, S. 70
5 ebenda, S. 13

Luise Ullrich

1 Luise Ullrich, Komm auf die Schaukel Luise, Frankfurt/M. 1975, S. 45
2 *Die Filmwoche*, 1934/Nr. 20, T.E. Hold
3 ebenda
4 Luise Ullrich, Komm auf die Schaukel Luise, Frankfurt/M. 1975, S. 97

Conrad Veidt

1 Wolfgang Jacobsen, Conrad Veidt. Lebensbilder, Berlin 1993, S. 11
2 Betty Harris, Villian by Accident (*Modern Screen Magazine* 06/1941)
3 http://de.wikipedia.org/wiki/Kurt_Tucholsky
4 Carl Zuckmayer, Geheimreport, München 2004, S. 136
5 Lil Dagover, Ich war eine Dame, München 1979, S. 75
6 *Weltbühne*, 11.03.1920
7 *Revue des Monats*, April 1927
8 Käte Haack, In Berlin und anderswo, München 1971, S. 37
9 Geza von Cziffra, Es war eine rauschende Ballnacht, Frankfurt/M. 1987, S. 82
10 Anita Loos, A Girl Like I, New York 1975, S. 254

Grethe Weiser

1 Hans Borgelt, Grethe Weiser, Berlin 1971, S. 67
2 Adolf Heinzlmeier; Schulz, Berndt, Das Lexikon der deutschen Filmstars, Berlin 2003, S. 575
3 Hans Borgelt, Grethe Weiser, Berlin 1971, S. 69f.
4 ebenda, S. 151
5 ebenda, S. 217
6 ebenda, S. 218
7 Hubert von Meyerinck, Meine berühmten Freundinnen, Düsseldorf 1967, S. 192
8 Gunther Phillip, Mir hat's fast immer Spaß gemacht. Erinnerungen, Frankfurt/M. 1992, S.163
9 Hans Borgelt, Grethe Weiser, Berlin 1971, S. 227
10 ebenda, S. 236
11 ebenda, S. 265

Bildnachweis

S. 8, 16, 28, 34, 66, 74, 80, 90, 100, 112, 124, 130, 140, 146, 154, 160, 166 und 178: Birgit Wetzig-Zalkind
S. 41, 61, 85: Abb. in «Filmführer. Der Wegweiser für den Filmproduzenten», Hg. von Leopold Freund, Theater und Film Verlagsgesellschaft Böhm & Co., Berlin 1929
S. 13, 117: Archiv Filmmuseum Potsdam
S. 19, 32, 95, 111, 145, 173, 174: Stiftung Deutsche Kinemathek
S. 20: Ufa, *Die Filmwoche*, 1936/Nr. 17
S. 30, 31, 43, 106, 135, 150, 151: Archiv Birgit Wetzig-Zalkind
S. 46: Ufa, *Die Filmwoche*, 1935/Nr. 50
S. 49: Ufa, *Die Filmwoche*, 1933/Nr. 39
S. 53: *Die Filmwoche* [um 1935]
S. 56: privat G.F., *Die Filmwoche*, 1936/Nr. 17
S. 65: Abb. in Curt Riess, Das gibts nur einmal, Hamburg 1958
S. 69: Abb. in Valeska Gert, Ich bin eine Hexe, München 1989
S. 70: Museum of Modern Art
S. 78, 79: Zander & Labisch
S. 103, 121, 143, 159, 183: Landesarchiv Berlin
S. 127: Abb. in Gustav Knuth, Darüber habe ich sehr gelacht, Frankfurt/M. 1980
S. 163: *Die Filmwoche*, 1934/Nr. 20

Die Marlene-Dietrich-Abbildungen mit freundlicher Genehmigung der Marlene Dietrich Collection GmbH, München.

Trotz sorgfältiger Recherche konnten nicht alle Bildrechte ermittelt werden. Der Verlag ist bereit, berechtigte Ansprüche in üblicher Weise abzugelten.